DEINE GETREUWE MUTER ALLEZEIT

Juliana von Stolberg 1506-1580

Reinildis van Ditzhuyzen

Aschendorff

Twee Juliana's: koningin Juliana kijkt naar haar verre voormoeder Juliana van Stolberg. Deze foto, ca 1952 genomen in de Nederlandse ambassade te Parijs, stond altijd op het bureau van Juliana's moeder Wilhelmina (zie ook afbeelding p. 102). Foto Sem Presser.

Zwei Julianas: Königin Juliana betrachtet ihre Vorahnin Juliana von Stolberg. Dieses Foto, aufgenommen etwa 1952 in der niederländischen Botschaft in Paris, stand immer auf dem Schreibtisch von Julianas Mutter, Königin Wilhelmina (siehe auch S. 102).

Inhoud | Inhalt

Voorwoord

Reeds meer dan honderd jaar geleden schreef een wetenschappelijk onderzoeker, Dr E. Jacobs, een uiterst gedetailleerde biografie over het veelbewogen leven van Juliana van Stolberg, waarvoor hij alle daarvoor in aanmerking komende archieven in Duitsland en Nederland had doorgespit. Dit met buitengewone vlijt tot stand gekomen werk telt ruim 500 bladzijden en belicht werkelijk alle fasen van Juliana's leven; in zijn "ietwat overdreven gedetailleerdheid" is het echter geschikter voor historici en wetenschappers.

Daarom hebben wij de 500ste geboortedag van Juliana van Stolberg als aanleiding gebruikt om een gemakkelijk te lezen en goed gedocumenteerd boek in eigentijdse vorm uit te brengen, teneinde onze eer te betuigen aan deze buitengewone vrouw en moeder met haar uitstraling op haar tijdgenoten.

Het is interessant vast te stellen hoe de toenmalige betrekkingen tussen Duitsland en de Nederlanden door de tijd heen verder leven en het ligt daarom voor de hand dit boek in twee talen te laten verschijnen. Tevens is het indrukwekkend te zien hoe de bekendheid van Juliana van Stolberg tot uitdrukking komt in de grote hoeveelheid namen van straten, pleinen, monumenten en zelfs in het Nederlandse Koningshuis.

500 jaar – een half millennium – vertegenwoordigt een enorm tijdsbestek, waarin belangrijke gebeurtenissen en omwentelingen, juist ook in de afgelopen decennia, hebben plaatsgevonden. Desondanks is het verbazingwekkend hoe actueel en present deze gravin in vele families is. Uit haar beide huwelijken, eerst met de graaf zu Hanau-Münzenberg en daarna met de graaf von Nassau-Dillenburg, stammen 17 kinderen. Hiervan hebben 15 hun kinderjaren overleefd. Een voor die tijd buitengewoon hoog aantal. Bij haar overlijden in 1580 op 75-jarige leeftijd heeft Juliana 160 klein- en achterkleinkinderen en wordt stammoeder niet alleen van het Huis van Oranje-Nassau, doch ook van talrijke andere Europese families, waaronder Hohenzollern, Hannover, Wied, Waldeck, etc.. Zo kunnen we slechts de hoop uitdrukken dat deze beduidende doch ook bescheiden persoonlijkheid met haar warme inborst en hoogstaande geest, niet alleen voor het Huis Stolberg, doch ook aan al degenen die gaarne uit onze geschiedenis lering trekken, als voorbeeld mag dienen voor hogere wijsheid en innerlijke kracht.

Ook de 100 jaar geleden geuite wens van de bovengenoemde Dr Jacobs is nog steeds actueel. Hij schreef: "Moge dit boek als hulpmiddel worden erkend tot opheldering van een uiterst belangrijke periode in de Duits-Nederlandse geschiedenis van de 16e eeuw, waar in het bijzonder tijdens haar laatste levensjaren Juliana een lichtpunt betekent in deze anders zo duistere en onverkwikkelijke tijd. Haar offerbereidheid, haar dienstbaarheid en het verlies van drie zonen zijn een onmetelijke bijdrage aan de vrijheidsstrijd tegen onderdrukking en geweld".

Gaarne willen wij hierbij onze dank betuigen aan allen, die aan het tot standkomen van dit eerste boek van de vereniging "Vrienden van het Huis Stolberg" meewerkten, het ondersteunden of anderszins mogelijk maakten, in het bijzonder de auteur drs Reinildis van Ditzhuyzen, de Heer Douwe van Hoytema en Dr. Jörg Brückner van het Landesarchiv te Wernigerode.

Vorst zu Stolberg-Stolberg

Vorwort

Vor gut hundert Jahren hat bereits ein Forscher, Dr. E. Jacobs eine überaus detaillierte Biographie über das bewegte Leben der Juliana von Stolberg geschrieben und hat dafür alle infrage kommenden Archive in Deutschland und in den Niederlanden durchforscht.

Da dieses mit grossem Fleiß erstellte Buch über 500 Seiten stark ist und wohl alle Lebensphasen von Juliana beleuchtet, ist es heute in seiner „spröden Genauigkeit" nur eher für Historiker und Wissenschaftler geeignet.

So haben wir den 500-jährigen Geburtstag von Juliana von Stolberg zum Anlaß genommen, ein leicht zu lesendes und gut dokumentiertes Buch in zeitgemäßer Form zu verfassen, um diese beeindruckende Frau und Mutter Juliana mit ihrer Ausstrahlung auf ihre Zeit zu würdigen.

Interessant ist es, festzustellen, wie die damaligen Verbindungen zwischen Deutschland und den Niederlanden weiterleben und es ist somit nahe liegend, dieses Buch zweisprachig zu gestalten. Beeindruckend ist auch, wie die Popularität von Juliana von Stolberg in vielen Straßennamen, Plätzen und Monumenten und selbst im Königshaus der Niederlande auch heute zum Ausdruck kommt.

500 Jahre – ein halbes Jahrtausend – ist ein gewaltiger Zeitabschnitt, der große Entwicklungen und Umbrüche der Neuzeit beinhaltet.Und trotzdem ist es erstaunlich, wie aktuell und präsent diese Gräfin in vielen Familien ist. Aus ihren beiden Ehen mit dem Grafen zu Hanau-Münzenberg und danach mit dem Grafen von Nassau-Dillenburg entstammen 17 Kinder, von denen immerhin 15 das Kindesalter überlebten – eine für damalige Verhältnisse erstaunliche Zahl. Und als sie 1580 im 75. Lebensjahr stirbt, hat sie bereits 160 Enkel und Urenkel und wird Stammmutter und Ahnfrau nicht nur des Hauses Oranien-Nassau, sondern von zahlreichen anderen europäischen Familien, darunter Hohenzollern, Hannover, Wied, Waldeck, etc. So können wir nur der Hoffnung Ausdruck geben, daß diese zwar bescheidene aber bedeutende Persönlichkeit mit ihren warmen Wesenszügen und edler Geisteshaltung nicht nur für das Haus Stolberg Vorbild für höhere Weisheit und innere Stärke ist, sondern allen etwas gibt, die gern aus der Geschichte schöpfen.

Auch der Wunsch vom eingangs erwähnten Dr. Jacobs von vor 100 Jahren bleibt ganz aktuell, wenn er schreibt: „Möge dieses Buch als ein Hilfsmittel zur Aufhellung eines sehr wichtigen Abschnitts in der deutsch-niederländischen Geschichte des 16. Jahrhunderts erkannt werden, der zumal in Julianas späteren Lebensjahren den lichten Punkt in einer sonst im allgemeinen trüben, unerquicklichen Zeit bildet. Ihre Aufopferungs-bereitschaft, ihr Vermögen zur Verfügung zu stellen und der Verlust dreier ihrer Söhne ist ein unmeßbarer Beitragsum Freiheitskampf gegen Unterdrückung und Gewaltherrschaft".

Wir möchten hiermit alljenen, die an der Herstellung dieses ersten Buches des Vereins „Freunde des Hauses Stolberg" mitgewirkt, sie unterstützt und ermöglicht haben, insbesondere die Autorin Reinildis van Ditzhuyzen, Herrn Douwe van Hoytema und Dr. Jörg Brückner vom Landesarchiv, Wernigerode, unseren Dank aussprechen.

Fürst zu Stolberg-Stolberg

'Deine getreuwe muter allezeit'

Juliana von Stolberg 1506-1580

INLEIDING

'Deine getreuwe muter allezeit, Juliana greffin zu Nassaw', 'euer liebden getreuw mutter', 'deine gutwilige schwester die tag meines lebens'. Zó ondertekent Juliana van Stolberg de brieven die zij in de loop van haar leven aan haar kinderen, broers, zusters en andere familieleden schrijft. Een brief aan haar broer Ludwig, met wie ze bijzonder innig verbonden is, ondertekent ze zelfs met 'Juliana dein meyt'. In haar tijd hoeft men zich niet te bekommeren om spellingregels en dus wisselt de wijze waarop woorden, en ook namen worden geschreven voortdurend. Nu eens staat er *muter*, dan weer *mutter*. Andere voorbeelden zijn frundlich en freundtlich; greffin, graffin en greuin (gravin), Dilbergk, Deilbergk en Dillenberg (Dillenburg).

De brieven die de gravin in de loop van haar lange leven heeft geschreven zijn belangrijk, omdat we haar er nader door leren kennen. Het is altijd moeilijk om uit te vinden hoe historische personages in werkelijkheid waren. Over Juliana zijn genoeg feiten bekend: geboortedag en -plaats, huwelijksdata, woonplaatsen, kinderen, om er enige te noemen. Maar die

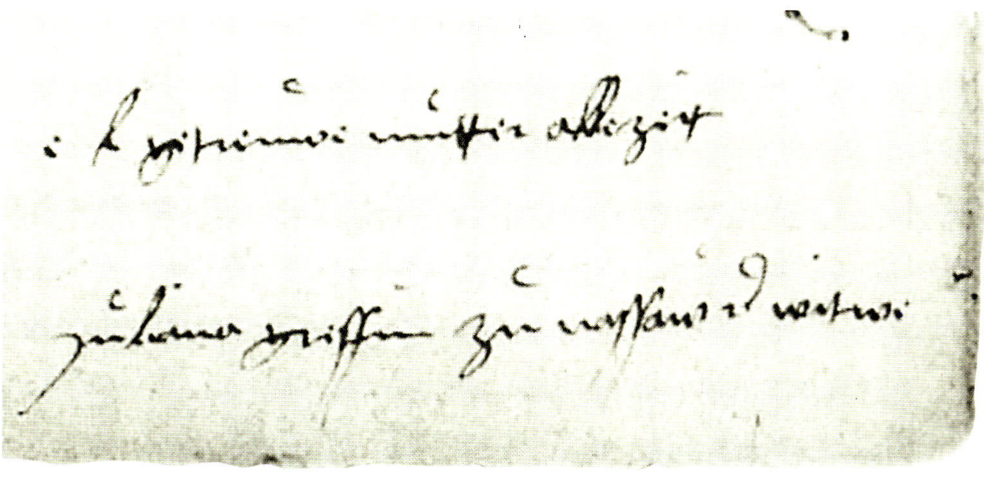

'e.l. getreuwe mutter allezeit' (e.l. = euer liebden). Juliana ondertekent de brieven aan haar kinderen doorgaans met *Deine getreuwe muter allezeit*. Brieven aan haar prinselijke zoon Willem van Oranje ondertekent ze vormelijker met *euer liebden*. [Juliana v. Stolberg aan Willem van Oranje, 4-10-1560; www.inghist.nl/Onderzoek/Projecten/WvO/brief/5503, raadpleging 2-4-2006]

„e.l. getreuwe mutter allezeit" (e.l. = euer liebden). Juliana unterzeichnete die Briefe an ihre Kinder meistens mit *Deine getreuwe muter allezeit*. Briefe an ihren Sohn Prinz Wilhelm von Oranien unterzeichnete sie förmlicher mit *euer liebden*. [Juliana von Stolberg an Wilhelm von Oranien, 4.10.1560; www.inghist.nl/Onderzoek/Projecten/WvO/brief/5503, konsultiert am 2. 4. 2006]

„Deine getreuwe muter allezeit"
Juliana von Stolberg 1506-1580

EINFÜHRUNG

„Deine getreuwe muter allezeit, Juliana greffin zu Nassaw", „euer liebden getreuw mutter", „deine gutwilige schwester die tag meines lebens". So unterschreibt Juliana von Stolberg die Briefe, die sie im Laufe ihres Lebens an ihre Kinder, Brüder, Schwestern und andere Familienangehörige schreibt. Einen Brief an ihren Bruder Ludwig, zu dem sie ein besonders inniges Verhältnis hat, unterschreibt sie sogar mit „Juliana dein meyt". Zu Julianas Zeiten braucht man sich nicht um Rechtschreibungsregeln zu kümmern, so daß sich die Art und Weise, wie Wörter und Namen geschrieben werden, fortwährend ändert. Einmal heißt es *muter*, dann wieder *Mutter*. Weitere Beispiele sind *frundlich* und *freundtlich*; *greffin*, *graffin* und *greuin* (Gräfin), sowie *Dilbergk*, *Deilbergk* und *Dillenberg* (Dillenburg).
Die Briefe, die die Gräfin im Laufe ihres langen Lebens schreibt, sind deshalb von Bedeutung, weil wir Juliana durch ihre Briefe kennen lernen können. Es ist nie ganz einfach herauszufinden, was für ein Mensch sich hinter einer historischen Persönlichkeit in Wirklichkeit verborgen hat. In Julianas Fall sind eine ganze Menge Daten, wie beispielsweise ihr Geburtstag und Geburtsort, das Datum ihrer Eheschließung, wo sie gewohnt hat, sowie die Anzahl ihrer Kinder, bekannt. Diese Fakten sagen aber nichts darüber, wie die Gräfin wirklich war, was sie dachte, oder welche Einstellung sie zum Leben hatte. Nicht nur weil sie meistens einen Schatz an Informationen enthalten, sondern auch, weil sie persönlich sind, oder sein können, sind Tagebücher und Briefe deshalb interessante Quellen.
Im Vergleich zu anderen Frauen aus ihrer Familie schreibt Juliana viel. Normalerweise sind es zu ihren Lebzeiten die Männer, die, vor allem um geschäftliche Dinge zu regeln, schriftliche Kontakte pflegen. Das ist auch der Grund dafür, daß aus Julianas Jugendzeit in Stolberg, den Jahren ihres Aufenthalts bei ihrem Onkel Eberhard von Königstein und aus der Zeit ihrer ersten Ehe in Hanau keine Briefe überliefert sind. In jenen Jahren wird, wie beispielsweise von ihrem Onkel Eberhard, der die Eheverhandlungen für sie führt und darüber mit ihrem Vater Botho korrespondiert, vor allem *über* Juliana geschrieben. So stammen praktisch alle Briefe, die wir von Juliana kennen, aus der Zeit, als sie als

vertellen niet hoe zij werkelijk was, hoe zij dacht, hoe haar blik op het leven was. Daarom zijn dagboeken en brieven altijd aardige bronnen, niet alleen omdat ze doorgaans een schat aan informatie geven, maar ook omdat ze persoonlijk [kunnen] zijn.

Vergeleken met andere vrouwen uit de familie schreef Juliana veel. Het waren immers gewoonlijk de mannen die schriftelijke contacten onderhielden, vooral om zaken te regelen. Dit verklaart waarom er geen brieven van of aan Juliana bekend zijn uit haar jeugd in Stolberg, haar verblijf bij haar oom Eberhard van Königstein en de jaren van haar eerste huwelijk in Hanau. In die jaren wordt er vooral óver haar geschreven, bijvoorbeeld door haar oom Eberhard die de huwelijksonderhandelingen voor haar voert en daarover correspondeert met haar vader Botho.

Vrijwel alle brieven die we van Juliana kennen, stammen dan ook uit de tijd dat zij Gravin van Nassau is en op het familieslot Dillenburg woont. Vandaaruit schrijft zij eerst aan haar eigen Stolbergse familieleden, later ook aan haar kinderen die her en der zijn gaan wonen. Met haar beroemde zoon Willem van Oranje correspondeert Juliana vooral na de dood van haar tweede man. In totaal schrijft zij hem tussen 1559 en 1577 zes-en-twintig brieven – althans zoveel brieven zijn bekend. Het aantal bewaarde brieven van hem aan haar (1558-1580) bedraagt dertien, waaronder enige met zakelijke inhoud (erfenis, regeling voogdij e.d.). Oranjes laatste brief, geschreven te Antwerpen op 8 juni 1580, heeft Juliana nét nog bereikt: tien dagen later, 18 juni 1580, overlijdt zij[1].

Juliana's brieven worden gekenmerkt door een hartelijke, soms innige toon. De aanhef ervan is vormelijk en volgens het gebruik van de tijd. Aan haar broers schrijft de gravin: 'Wolgeborner frundlicher hertzlieber bruder', aan haar zoons 'Wolgeborner frundlicher hertzlieber son'. Omdat haar zoon Willem van Oranje prins is, gebruikt ze voor hem de aanhef 'Hochgeporner' (hooggeboren). Maar soms ook begint ze haar brieven aan Oranje met 'Herz-allerliebster Herr'. Juliana wordt zelf aangeschreven als 'Wolgeborne freuntliche leiber schwester' en 'Wolgeborne freuntliche liebe fraw mutter', maar ook als 'mein allterliebeste fraw moder'.

Omdat Juliana van Stolberg als persoon het duidelijkst naar voren komt in haar brieven, is als titel van deze biografische schets gekozen voor haar zo vaak gebruikte ondertekening 'deine getreuwe muter allezeit'. Het woord 'muter' verwijst daarbij bovendien naar haar status als moeder van Willem van Oranje, de Nederlandse Vader des Vaderlands, en daarmee als 'oermoeder' van het Huis van Oranje.

1
Onlangs is het project *De Correspondentie van Willem van Oranje* afgerond. In bijna 200 archieven en bibliotheken zijn 12.609 documenten getraceerd die van de Prins afkomstig zijn of aan hem gericht. De resultaten zijn gepubliceerd in de vorm van een databank en een beeldbank. Zie: www.inghist.nl/Onderzoek/Projecten/WvO.

Gräfin von Nassau auf dem Familienschloß Dillenburg wohnt. Von dort aus schreibt sie zunächst an ihre eigenen Eltern in Stolberg und später an ihre Kinder, die alle an verschiedenen Orten wohnen. Mit ihrem berühmten Sohn Wilhelm von Oranien korrespondiert Juliana vor allem nach dem Tode ihres zweiten Mannes. Soweit wir wissen, schreibt sie ihm zwischen 1559 und 1577 sechsundzwanzig Briefe – zumindest ist das die Anzahl bekannter Briefe. Von Wilhelms Briefen an seine Mutter sind 13 erhalten geblieben; darunter befinden sich auch Briefe mit eher sachlichem Inhalt (Erbschaftsangelegenheiten, Vormundschaftsregelungen usw.). Wilhelm von Oraniens letzter Brief an Juliana, den er am 8. Juni 1580 in Antwerpen verfaßt hat, erreicht sie im letzten Moment; sie stirbt 10 Tage später, am 18. Juni 1580[1].

Julianas Briefe haben einen herzlichen, manchmal sogar innigen Ton. Die Anrede ist förmlich und entspricht somit den Sitten jener Zeit. An ihre Brüder schreibt die Gräfin: „Wolgeborner frundlicher hertzlieber bruder", an ihre Söhne „Wolgeborner frundlicher hertzlieber son". Da ihr Sohn Wilhelm von Oranien Prinz ist, redet sie ihn als „Hochgeporner" (Hochgeborener) an. Gelegentlich lautet die Anrede in ihren Briefen an ihn aber auch „Herz-allerliebster Herr". Juliana selbst wird als „Wolgeborne freuntliche leiber schwester" und „Wolgeborne freuntliche liebe fraw mutter" angeschrieben, manchmal aber auch als „mein allterliebeste fraw moder".

Weil sich die Person Juliana von Stolberg in ihren Briefen am deutlichsten erschließt, trägt diese biografische Schilderung als Titel jene Worte, die die Gräfin oft als Abschluß ihrer Briefe wählte: „deine getreuwe muter allezeit". Das Wort „muter" ist Ausdruck von Julianas Status als Mutter des niederländischen Vaters des Vaterlandes Wilhelm von Oranien und damit "Urmutter" des Hauses von Oranien.

d 9 Juliana von Stolberg

1
Vor kurzem wurde das Projekt *De Correspondentie van Willem van Oranje* abgeschlossen. In fast 200 Archiven und Bibliotheken wurden 12.609 Dokumente ausfindig gemacht, die vom Prinzen von Oranien stammen bzw. an ihn gerichtet waren. Die Ergebnisse wurden als Datenbank und Bildbank veröffentlicht. Siehe: www.inghist.nl/Onderzoek/Projecten/WvO.

1. Een voornaam met traditie

Op 6 mei 1995 wordt in Brussel geboren: Juliana von Stolberg[2]. Zij is een van de tientallen familieleden die zijn vernoemd naar die eerste Juliana van Stolberg over wie dit boek gaat. Het feit dat veel vrouwelijke verwanten de voornaam Juliana hebben gekregen, zegt iets over de betekenis van de 'oer-Juliana'. Zelf is deze overigens vernoemd naar de heilige Juliana, zoals te lezen is in het familieboekje. Hierin staat haar geboorte op de avond van 15 februari 1506 opgetekend: 'is geboren *Frauwwe* Juliana op Sint Juliana avond na de vesper'[3]. In die tijd spreekt men niet over 15 februari of 23 maart of 5 december, maar duidt men de dagen aan door te verwijzen naar kerkelijke feest- en gedenkdagen. Men heeft het dus over

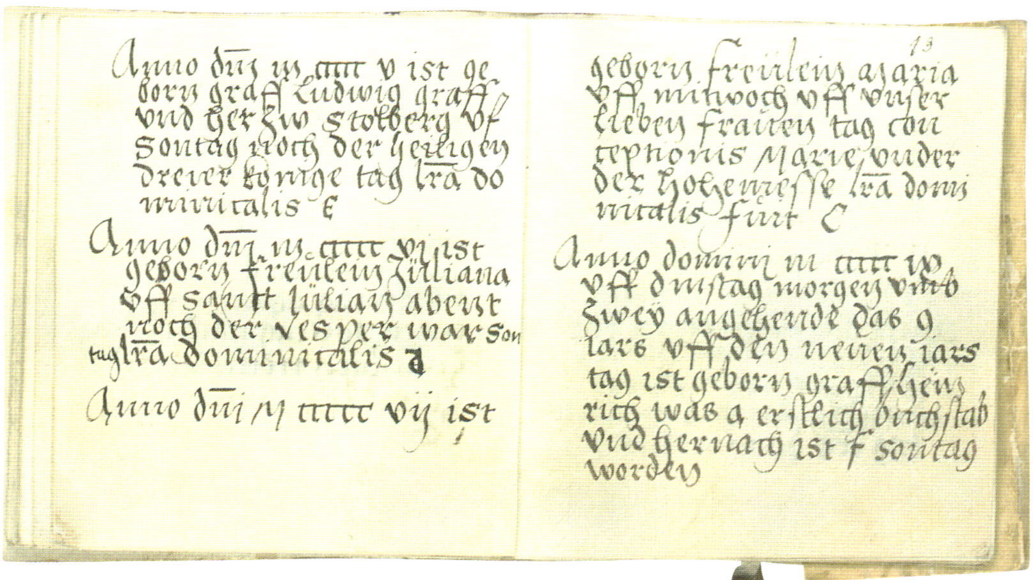

Anno dni m ccccc v ist ge
born graff Ludwig graff
vnd her zu Stolberg vff
Sontag noch der heiligen
dreier konige tag lra do
minicalis E
Anno dni m ccccc vj ist
geborn freuleyn Juliana
vff sannt Julian abent
noch der vesper war Son
tag lra dominicalis d
Anno dni m ccccc vij ist

13
geborn freuleyn Maria
vff mitwoch vff vnser
lieben frauen tag con
cepcionis Marie vnder
der hohenmesse lra domi
nicalis fuit C
Anno domini m ccccc ix
vff dinstag morgen vmb
zwey angehende das 9
iars vff den neuen iars
tag ist geborn graff Hen
rich was a erstlich buchstab
vnd hernach ist f sontag
worden

Aantekening van de geboorte van Juliana in 1506 in een familieboekje, dat sinds de geboorte van Juliana's vader in 1467 werd bijgehouden. [Landeshauptarchiv Sachsen-Anhalt, Abteilung Magdeburg (nachfolgend LHASA, MD), Rep. H Stolberg- Wernigerode, H.A. A 1 Fach 1 Nr. 1, Bl. 12v/13r]

Geburtseintrag von Juliana aus dem Jahre 1506 in einem Familienstammbuch, das seit der Geburt ihres Vaters 1467 geführt wurde. [Landeshauptarchiv Sachsen-Anhalt, Abteilung Magdeburg (nachfolgend LHASA, MD), Rep. H Stolberg-Wernigerode, H.A. A 1 Fach 1 Nr. 1, Bl. 12v/13r]

2
Dochter van Jost-Christian Fürst zu Stolberg-Stolberg en Sylviane Janssens van der Maelen.

3
Landeshauptarchiv Sachsen-Anhalt (LHASA), Wernigerode, Rep. Stolberg-Wernigerode, Familienbuch. De H. Juliana, maagd en martelares, werd in 305 onder Diocletianus in Nicomedië (thans Izmit, Turkije) na zware folteringen onthoofd. Haar kerkelijke feestdag is 16 februari. Het was gebruikelijk het feest van een heilige aan de vooravond te vieren (vgl. Sint Nicolaas, gestorven op 6 december, maar Pakjesavond op 5 december).

1. Ein Vorname mit Tradition

Am 6. Mai 1995 wird in Brüssel geboren: Juliana von Stolberg.[2] Sie ist eins der vielen Mitglieder der Familie, das nach der ersten Juliana von Stolberg, von der dieses Buch handelt, genannt wird. Daß viele weibliche Verwandte den Vornamen Juliana erhalten, unterstreicht die Bedeutung der „Ur-Juliana". Wie man im Familienstammbuch nachlesen kann, wird sie selbst nach der heiligen Juliana genannt; anläßlich ihrer Geburt am Abend des 15. Februar 1506, wird folgendes aufgezeichnet: „ist geboren *Frauwwe* Juliana am Tag der Heiligen Juliana abends nach der Vesper"[3]. In jener Zeit spricht man nämlich nicht über den 15. Februar, den 23. März oder den 5. Dezember. Man orientiert sich bei der Bezeichnung eines bestimmten Tages vielmehr an kirchlichen Fest- und Gedenktagen.

So spricht man vom Lambertustag (17. September), dem Walpurgistag (30. April), Laetare (der 4. Sonntag in der Fastenzeit) oder der Purificatio Mariae (Lichtmess, 2. Februar). Und wie es damals häufig geschah, wird der Namenstag der Heiligen der Name der Neugeborenen: Juliana.

Dieser „ersten" Juliana sollten wie gesagt noch viele folgen. Zunächst werden zwei von Julianas Töchter nach der Mutter benannt; eine aus ihrer ersten und eine aus ihrer zweiten Ehe. Später gibt es elf Enkelinnen, die den Namen Juliana tragen, wozu auch Louise Juliana von Oranien[4], die Tochter von Prinz Wilhelm I. von Oranien, gehört. In nachfolgenden Generationen wird der Name Juliana sowohl in den Familien Stolberg und Nassau als auch in anverwandten Geschlechtern noch oft vergeben. Bei den Oraniern jedoch kommt der Vorname nach dem 17. Jahrhundert nicht mehr vor – bis die niederländische Königin Wilhelmina am 30. April 1909 einer Tochter und Thronfolgerin das Leben schenkt, der sie den Namen Juliana gibt.

Weshalb fällt die Wahl der Oranierfürstin auf diesen Namen? In ihrer Autobiographie *Eenzaam maar niet alleen* (Einsam aber nicht allein) sagt Wilhelmina, daß sie einem Jungen den traditionellen Namen Wilhelm geben wollte, aber auch den Namen Ludwig, „des dritten Sohns von Juliana und rechte Hand von Wilhelm von Oranien". Sie schreibt, daß sie diesen „wegen seines aufopfernden Charakters und seines besonderen Verhältnisses zu seiner Mutter" bewundert. Ein Junge hätte also Wilhelm Ludwig geheißen. Für eine Tochter gab es keine solche selbstverständliche Namenswahl. Bei den Oraniern ist es im 19. Jahrhundert üblich, Töchtern den ersten Vornamen Wilhelmina zu geben, gefolgt von

d 11 Juliana von Stolberg

Juliana's moeder Anna von Eppstein-Königstein [Onbekende kunstenaar · 6de e., Schloß Wernigerode]

Anna von Eppstein-Königstein, Julianas Mutter [von unbekannter Hand, 16.Jh. Stiftung Dom und Schlösser in Sachsen-Anhalt. Ausgestellt im Schloß Wernigerode]

2
Tochter von Jost-Christian Fürst zu Stolberg-Stolberg und Sylviane Janssens van der Maelen.

3
Landeshauptarchiv Sachsen-Anhalt, Abteilung Magdeburg (nachfolgend LHASA, MD), Wernigerode, Rep. Stolberg-Wernigerode, *Familienbuch*. Die Hlg. Juliana, Jungfrau und Märtyrerin, wird 305 unter Diocletian in Nicomedien (im heutigen Izmit, Türkei) nach schwerer Folter enthauptet. Ihr Namenstag ist der 16. Februar. Es war üblich, den Namenstag eines Heiligen am Vorabend zu feiern (vgl. Sankt Nikolaus, der am 6. Dezember starb, in den Niederlanden aber am 5. Dezember mit Geschenken gefeiert wird).

4
Louise Juliana von Oranien, Gräfin von Nassau, 1576-1644, Mutter des Königs von Böhmen, Friedrich V. von der Pfalz („Winterkönig") und Großmutter von Friedrich Wilhelm von Brandenburg („Großer Kurfürst").

A

B

C

A *Juliana von Stolberg*, anoniem, kopie. [part.coll.]
B Juliana's dochter *Juliana van Nassau*, 1546-1588. [Naar een portret in Slot Rudolstadt] Met vriendelijke toestemming van het Thüringer Landesmuseums Heideckburg, Rudolstadt
C Juliana's kleindochter *Louise Juliana van Oranje, gravin van Nassau* 1576-1644. D. van den Queeckborne ca 1580, paneel 101 x 75. Eigendom: Verein der Freunde und Förderer des Siegerlandmuseums e. V.
D *Juliana koningin der Nederlanden* 1909-2004 bij haar Inhuldiging in 1948. Georg Rueter 1875-1966. Stichting Hist. Verz. van het Huis Oranje-Nassau.
E *Juliana Guillermo*, dochter van Christina prinses van Oranje-Nassau, geboren Utrecht 1981. © Peter Smulders B.V.
F *Juliana prinses zu Stolberg-Stolberg*, geboren Brussel 1995. Foto 2006.
G *Juliana gravin zu Stolberg-Wernigerode*, geboren Frankfurt am Main 2002

A *Juliana von Stolberg*, anonym, Kopie. [Privatbesitz]
B Julianas Tochter *Juliana von Nassau*, 1546-1588. [Nach einem Porträt in Schloß Rudolstadt] Mit freundlicher Genehmigung des Thüringer Landesmuseums Heideckburg, Rudolstadt
C Julianas Enkelin *Louise Juliana von Oranien, gravin van Nassau* 1576-1644. D. van den Queeckborne ca. 1580, Tafel 101 x 75 cm. Eigentümer: Verein der Freunde und Förderer des Siegerlandmuseums e. V.
D *Juliana Königin der Niederlande* 1909-2004 bei ihrer Huldigung in 1948. Georg Rueter 1875-1966. Stichting Hist. Verz. van het Huis Oranje-Nassau.
E *Juliana Guillermo*, Tochter von Christina Prinzessin von Oranien-Nassau, geboren Utrecht 1981. © Peter Smulders B.V.
F *Juliana Prinzessin zu Stolberg-Stolberg*, geboren Brüssel 1995. Foto 2006
G *Juliana Gräfin zu Stolberg-Wernigerode*, geboren Frankfurt am Main 2002

D

E

F

G

Lambertus- (17 september) of Walpurgisdag (30 april), Laetare (4de zondag in de vastentijd) of Purificatio Mariae (2 februari). En zoals dat wel vaker gebeurt, wordt de naam van de heilige ook de naam van de jonggeborene: Juliana.

Na deze 'eerste' Juliana zullen er dus velen volgen. Om te beginnen krijgen twee van Juliana's dochters haar naam, een uit haar eerste en een uit haar tweede huwelijk. Vervolgens zijn er elf kleindochters die de naam Juliana krijgen, onder wie Louise Juliana van Oranje[4], dochter van prins Willem I van Oranje. In de generaties hierna blijft de naam Juliana gehandhaafd, zowel in de families Stolberg en Nassau als in aanverwante geslachten. Bij de Oranjes komt de voornaam echter na de 17de eeuw niet meer voor – tot op 30 april 1909 de Nederlandse koningin Wilhelmina een dochter en troonopvolgster krijgt, die ze de naam Juliana geeft.

Hoe is de Oranjevorstin tot deze keuze gekomen? Algemeen is bekend dat Wilhelmina een grote bewondering koesterde voor Willem I van Oranje, de Vader des Vaderlands. Voor een zoon lag de traditionele naam Willem dus voor de hand. Voor een dochter bestond geen vanzelfsprekende voornaam. Bij de Oranjes is het in de 19de eeuw gebruik om dochters de eerste voornaam Wilhelmina mee te geven, gevolgd door de roepnaam, veelal Sophie of Louise. Koningin Wilhelmina doet iets anders. Bewust kiest zij de voornaam Juliana en daarmee wekt zij de naam van de moeder van Willem de Zwijger en stammoeder van ons vorstenhuis op een opvallende manier tot leven. In haar autobiografie *Eenzaam maar niet alleen* schrijft Wilhelmina dat zij haar dochter met opzet naar deze voorzate heeft genoemd, omdat deze alleen de stem van het geweten volgde en zich niet liet leiden door mensen en hun overwegingen. Zij noemt Juliana van Stolberg 'een voorbeeld van hogere wijsheid en innerlijke sterkte'.

Interessant is te weten hoe de koningin aan deze kennis is gekomen. De volgende reconstructie is aannemelijk. In 1868 publiceert professor dr W.G. Brill (1811-1896), hoogleraar Nederlandse taal en letterkunde te Utrecht, een enthousiast artikel over Juliana van Stolberg, getiteld 'De stammoeder der Oranje-Nassaus'[5]. Brill, die de vaderlandse geschiedenis belangrijker vindt dan zijn eigen vak taalkunde, heeft de Stolbergse gravin 'ontdekt' door lezing van haar brieven in een uitgebreide uitgave van de correspondentie van de Oranjes[6]. In zijn artikel beschouwt hij 'gedrag en geest van Willem van Oranje in de spiegel van het hart zijner moeder'. Hij sluit af met de retorische vraag: 'Zou de vrijheid tot stand gekomen zijn zonder de invloed van Juliana van Nassau op haar zoon, zonder de tranen en gebeden van die vrouw?' De 'verheffende beschouwing van ons voorgeslacht' wordt door Brill benadrukt.

Tien jaar later wijdt een andere Nederlander zich aan de gravin uit Stolberg. Jonkvrouwe Anna van Hogendorp (1841-1915) publiceert onder de schuilnaam 'Johanna' een historisch-

4
Louise Juliana van Oranje, gravin van Nassau, 1576-1644, moeder van de Koning van Bohemen Frederik V van de Palts ('Winterkoning') en grootmoeder van Frederik Willem van Brandenburg ('Grote Keurvorst').

5
W.G. Brill: 'De stammoeder der Oranje-Nassaus', in: idem, *Voorlezingen over de geschiedenis der Nederlanden (1)*, Leiden 1868, p. 5-54.

6
G. Groen van Prinsterer (red.): *Archives ou correspondance inédite de la Maison d'Orange-Nassau. Première série* 8 dln. en supplement, Leiden 1835-1847.

einem Rufnamen, der oftmals Sophie oder Louise lautet. Königin Wilhelmina entscheidet sich anders. Sie wählt wohlerwogen den Vornamen Juliana und erweckt damit den Namen der Mutter von Wilhelm dem Schweiger, die zugleich Stammmutter des niederländischen Fürstenhauses ist, auf besondere Art und Weise zu neuem Leben. In ihrer Autobiographie schreibt Wilhelmina, sie habe ihre Tochter bewußt nach dieser Vorahnin benannt, weil Juliana nur der Stimme ihres Gewissens folgte und sich nicht durch andere Menschen und deren Erwägungen beeinflussen ließ. Wilhelmina bezeichnet Juliana von Stolberg als „ein Vorbild für höhere Weisheit und innere Stärke". Wie kam Königin Wilhelmina zu dieser Einsicht? Die folgende Rekonstruktion erscheint wahrscheinlich: 1868 publiziert Professor Dr W.G. Brill (1811-1896), Professor der Niederlandistik in Utrecht, unter dem Titel „De stammoeder der Oranje-Nassaus" einen sehr lobenden Artikel über Juliana von Stolberg[5]. Brill, der die Geschichte seines Vaterlandes wichtiger findet als sein eigenes Fach, die Niederlandistik, hat die Gräfin aus Stolberg bei der Lektüre ihrer Briefe in einer erweiterten Ausgabe der Korrespondenz der Oranier[6] „entdeckt". In seinem Artikel behandelt er „Verhalten und Geist von Wilhelm von Oranien im Spiegel des Herzens seiner Mutter" und beendet seine Überlegungen mit der folgenden rhetorischen Frage: „Wäre die Freiheit zustande gekommen ohne den Einfluß von Juliana von Nassau auf ihren Sohn, ohne die Tränen und Gebete dieser Frau?" Brill betont ausdrücklich die Bedeutung der „erhebenden Erforschung unserer Ahnen".

Zehn Jahre später beschäftigt sich wieder jemand aus den Niederlanden mit der Gräfin aus Stolberg: Unter dem Pseudonym „Johanna" publiziert Jonkvrouwe Anna von Hogendorp (1841-1915) für die Publikation *Geloofsgetuigen, Galerij van Christelijke Vrouwen*[7] *(Glaubenszeugen, Galerie christlicher Frauen)* eine historisch-biografische Abhandlung über Juliana. Zur selben Zeit vertieft man sich auch in Deutschland in die Person der Juliana: Der Historiker D.Dr. Eduard Jacobs[8], der von 1866 bis 1917 rund fünfzig Jahre lang als

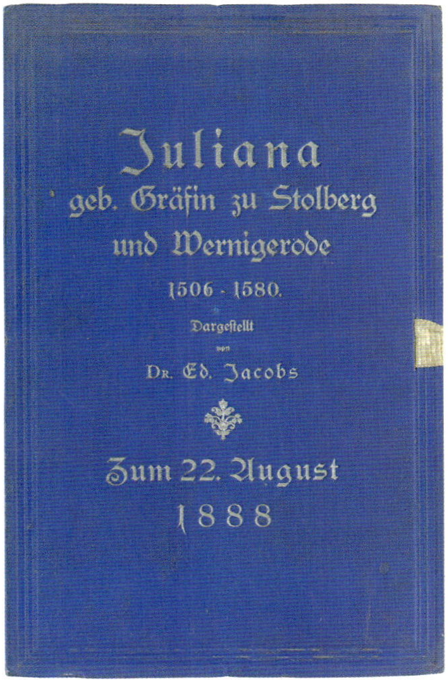

D.Dr Eduard Jacobs 1833-1919, archivaris van het Huis Stolberg en bibliothecaris van de vorstelijke bibliotheek te Wernigerode en de omslag van het manuscript van zijn Juliana-biografie. [Harzbücherei Wernigerode / LHASA, MD]

D.Dr Eduard Jacobs 1833-1919, Archivar des Hauses Stolberg und Bibliothekar der Fürstlichen Bibliothek in Wernigerode und das Manuskript seiner Juliana-Biographie [Harzbücherei Wernigerode / LHASA, MD]

5
W.G. Brill: „De stammoeder der Oranje-Nassaus in: idem, *Voorlezingen over de geschiedenis der Nederlanden (1)*, Leiden 1868, S. 5-54.

6
G. Groen van Prinsterer (Red.): *Archives ou correspondance inédite de la Maison d'Orange-Nassau. Première série* 8 dln. en supplement, Leiden 1835-1847.

7
Erschienen Amsterdam 1878-1880; Neuausgabe: A.van Hogendorp, *Juliana van Stolberg, Gravin van Nassau-Dillenburg, in de kring der haren geschetst.* Nijkerk 1902.

8
D.Dr: verweist auf die zwei Doktortitel von Jacobs. Über ihn: R. Bürger: 'Archivrat D.Dr Eduard Jacobs 1833-1919', in: *Zeitschrift des Harz-Vereins für Geschichte und Altertumskunde* 53, Wernigerode 1920, S. I-VIII

biografische schets van Juliana voor *Geloofsgetuigen, Galerij van Christelijke Vrouwen*[7]. In deze zelfde jaren verdiept ook in Duitsland iemand zich in de persoon van Juliana. Het is D.Dr Eduard Jacobs[8], een historicus die van 1866 tot 1917, dus ruim vijftig jaar lang, werkt als archivaris van de regerende graaf (sinds 1890 vorst) zu Stolberg-Wernigerode. Jacobs heeft de bovengenoemde correspondentie van de Oranjes en het artikel van Brill gelezen. Hij is zich ervan bewust dat zijn 'eigen' Stolbergse archief ook documenten over haar bevat. Of hij nu zelf op het idee is gekomen of geïnspireerd is door de Nederlandse publicaties – feit is dat de grafelijke archivaris vele jaren besteedt aan onderzoek naar Juliana's leven. Hij reist alle archieven en bibliotheken af, die iets over, of van haar bezitten, van Stolberg en Wernigerode in de Harz tot onder meer Marburg, Wiesbaden, Koblenz, Wied en Frankfurt. In 1884 kan Jacobs zijn zeer gedegen, vuistdikke manuscript, getiteld *Juliana von Stolberg. Ahnfrau des Hauses Nassau-Oranien,* aanbieden aan zijn werkgever ter gelegenheid van diens zilveren huwelijksfeest. Op basis van aanvullend onderzoek door Jacobs in het Koninklijk Huisarchief in Den Haag en elders verschijnt vijf jaar later een uitgebreide uitgave in druk. Het boek telt 516 bladzijden inclusief uitgebreide noten, bijlagen, toelichtingen alsook de letterlijke weergave van een groot aantal originele, door hem bestudeerde documenten en brieven. De auteur heeft zijn werk zó grondig gedaan, dat geen enkele biograaf van Juliana sindsdien om hem heen kan. Ook voor deze levensbeschrijving is gebruik gemaakt van zijn speurwerk.

Het spreekt vanzelf dat een exemplaar van Jacobs' biografie terecht komt bij Juliana's nazaat koning Willem III, diens gemalin koningin Emma en de kleine prinses Wilhelmina. In het Koninklijk Huisarchief bevindt zich een speciale in leer gebonden uitgave, goud op snee, met hierin geplakt een ex-libris van de koningin. Overigens is de band met de familie Stolberg nauw, want een volle tante van Emma is getrouwd met Alfred vorst zu Stolberg-Stolberg[9].

Na de dood van Willem III in 1890 zal zijn weduwe Emma acht jaar lang optreden als regentes voor haar dochter Wilhelmina. In deze periode legt zij graag de nadruk op de rol van de Oranjes in de vaderlandse geschiedenis. Zij beklemtoont de dynastieke continuïteit – en daarin past aandacht voor Juliana, moeder van prins Willem I. Uit Wilhelmina's autobiografie blijkt dat zij met haar moeder 'lange gesprekken voerde over de invloedrijke persoonlijkheden die hun stempel hadden gezet op hun tijd'. Hierbij kwam ook 'al hetgeen de moeder van de Vader des Vaderlands voor de zaak des Vaderlands gedaan heeft' ter sprake.

In deze jaren komt bovendien een authentiek portret uit 1574 van de vereerde stammoeder in de openbaarheid, zodat zij ook een gezicht krijgt. Men ziet een helder ogende, nog betrekkelijk jong uitziende vrouw (Juliana is dan 68 jaar oud), met een hoog voorhoofd en

7
Verschenen Amsterdam 1878-1880; heruitgave Nijkerk 1902. A.van Hogendorp, *Juliana van Stolberg, Gravin van Nassau-Dillenburg, in de kring der haren geschetst.*

8
D.Dr: verwijst naar de twee doctor-titels van Jacobs. Over hem: R. Bürger: 'Archivrat D.Dr Eduard Jacobs 1833-1919', in: *Zeitschrift des Harz-Vereins für Geschichte und Altertumskunde* 53, Wernigerode 1920, p. I-VIII.

9
Alfred vorst zu Stolberg-Stolberg is sinds 1848 gehuwd met Auguste Amalie Ida van Waldeck-Pyrmont.

Prinses Auguste zu Waldeck und Pyrmont 1824-1893, tante van koningin Emma, echtgenote van Alfred vorst en graaf zu Stolberg-Stolberg, Doek 82 x 110 cm., ca 1850 door Barthel 1819-1898 [part. coll.]

Auguste Prinzessin zu Waldeck und Pyrmont 1824-1893, Tante von Königin Emma, Ehegattin von Alfred Fürst und Graf zu Stolberg-Stolberg, Leinwand 82 x 110 cm., ca. 1850 von Barthel (1819-1898) [Privatbesitz]

Archivar für den regierenden Grafen (ab 1890 Fürst) zu Stolberg-Wernigerode tätig ist, kennt sowohl die oben genannte Ausgabe der Oranier-Korrespondenz als auch Brills Artikel über Juliana, und weiß, daß sein „eigenes" Stolberger Archiv Dokumente von und über Juliana enthält. Ob er selbst auf die Idee gekommen ist, oder sich durch niederländische Publikationen hat inspirieren lassen – Tatsache ist, daß der gräfliche Archivar der Erforschung von Julianas Leben viele Jahre widmet. Von Stolberg und Wernigerode im Harz bis (unter anderem) Marburg, Wiesbaden, Koblenz, Wied und Frankfurt, besucht er sämtliche Archive und Bibliotheken, die im Besitz von Schriftzeugnissen von oder über Juliana sind. 1884 kann Jacobs sein äußerst gründliches, faustdickes Manuskript mit dem Titel *Juliana von Stolberg. Ahnfrau des Hauses Nassau-Oranien* seinem Arbeitgeber anläßlich der Feiern zu dessen Silberner Hochzeit überreichen. Nach ergänzenden Nachforschungen von Jacobs im Königlichen Hausarchiv in Den Haag und anderswo erscheint fünf Jahre später in erweiterter Ausgabe das gedruckte Buch. Es hat 516 Seiten, einschließlich ausführlichem Register, Anlagen, Erläuterungen sowie der wörtlichen

(boven)
Juliana von Stolberg, anoniem, kopie. Opschrift: 'Juliana Geborne Greuin zu Stolbergk Greuin und Frau zu Nassav Catzenelnbogen 1574'.

Juliana von Stolberg, anonym, Kopie. Aufschrift: 'Juliana Geborne Greuin zu Stolbergk Greuin und Frau zu Nassav Catzenelnbogen 1574'.

(rechts)
De Juliana van Stolberglaan in Den Haag bestaat sinds 1898.

Seit 1898 gibt es in Den Haag die Juliana van Stolberglaan.

energieke uitstraling. Op haar schoot houdt zij achter de gevouwen handen een hondje als dynastiek kenmerk (zie afbeeldingen p. 12 en p. 18). Het opschrift luidt: 'Juliana Geborne Grevin zu Stolbergk Grevin und Frau zu Nassau Catzenelnbogen 1574'[10].

Dat aan het eind van de 19de eeuw de belangstelling voor Juliana van Stolberg groeit, blijkt ook uit het feit dat er straten naar haar genoemd worden, zoals in 1898 de Juliana van Stolberglaan en het Juliana van Stolbergplein in Den Haag. Verder verschijnt in 1898 naar aanleiding van de Inhuldiging van Wilhelmina een biografische schets van Juliana van Stolberg door Johanna Naber; in 1902 publiceert Anna van Hogendorp een uitgebreide versie van haar eerdere artikel over Juliana. Beiden maken gebruik van Jacobs' werk.

De conclusie lijkt dus gerechtvaardigd dat de Nederlandse koningin Juliana haar naam in aanzienlijke mate te danken heeft aan de wetenschappelijke ijver van de Stolbergse archivaris, die leidde tot een groeiende belangstelling voor de 'oermoeder' van het Nederlandse Koningshuis. Deze belangstelling sloot bovendien aan bij de waarde die de koninginnen Emma en Wilhelmina hechtten aan dynastieke geschiedenis.

10
Vgl. Dieneke de Vries: 'Enkele notities over de beeltenis van Juliana van Stolberg', in: *Jaarboek Vereniging Oranje-Nassau Museum* 1992, p. 81-88.

Wiedergabe einer großen Anzahl von Dokumenten und Briefen, die Jacobs im Original studiert. Der Autor hat so gründlich gearbeitet, daß seither jeder, der eine Biographie Julianas verfassen möchte, seine Forschungsarbeit einsehen muß; das war auch bei dieser Lebensbeschreibung der Fall.

Selbstverständlich erhalten Julianas Nachkommen, König Wilhelm III., seine Frau Königin Emma und die kleine Prinzessin Wilhelmina ein Exemplar von Jacobs Biographie. Im Königlichen Hausarchiv befindet sich eine spezielle, in Leder gebundene Ausgabe mit Goldschnitt und einem Exlibris der Königin. Die Beziehungen zur Familie Stolberg sind gut, da eine Tante von Emma mit Alfred Fürst zu Stolberg-Stolberg[9] verheiratet ist.

Nach dem Tod von Wilhelm III. im Jahr 1890 fungiert seine Witwe Emma acht Jahre lang als Regentin für ihre noch minderjährige Tochter Wilhelmina. Während dieser Zeit betont Emma gerne die Rolle, die die Oranier in der Geschichte der Niederlande gespielt haben und akzentuiert so die Kontinuität der Dynastie. In diesem Zusammenhang wächst die Bedeutung von Juliana als der Mutter von Prinz Wilhelm I. Aus Wilhelminas Autobiographie geht hervor, daß sie mit ihrer Mutter „lange Gespräche über die einflußreichen Persönlichkeiten führte, die ihrer Zeit ihren Stempel aufgedrückt hatten". Dabei kam all das zur Sprache „was die Mutter des Vaters des Vaterlandes für das Vaterland getan hat". Zudem erscheint zur selben Zeit ein authentisches Porträt der verehrten Stammmutter aus dem Jahre 1574 in der Öffentlichkeit, so daß Juliana ein Gesicht bekommt. Das Porträt zeigt eine aufgeweckte und noch relativ jung aussehende Frau (Juliana war damals 68 Jahre alt) mit hoher Stirn und energischer Ausstrahlung. Auf diesem Porträt hält sie hinter den gefalteten Händen ein Hündchen als dynastisches Zeichen (siehe S. 12 und 18). Der Titel des Gemäldes lautet: „Juliana Geborene Gräfin zu Stolberg, Grevin und Frau zu Nassau Catzenelnbogen 1574"[10].

Daß am Ende des 19. Jahrhundert das Interesse für Juliana von Stolberg größer wird, sieht man auch daran, daß Straßen nach ihr benannt werden, wie z.B. 1898 die „Juliana von Stolberg-Allee" und der „Juliana von Stolberg-Platz" in Den Haag. Im Jahre 1898 erscheint anläßlich der Huldigung von Wilhelmina eine biographische Abhandlung über Juliana von Stolberg von Johanna Naber; 1902 publiziert Anna van Hogendorp eine ausführlichere Version ihres früheren Artikels über Juliana. Beide Werke beziehen sich ebenfalls auf die Forschungsarbeit von Jacobs. Die Schlußfolgerung, daß die niederländische Königin Juliana ihren Namen zum größten Teil dem wissenschaftlichen Fleiß des Stolberger Archivars zu verdanken hat, der ein gesteigertes Interesse für die „Urmutter" des niederländischen Königshauses weckt, erscheint durchaus gerechtfertigt. Dieses gesteigerte Interesse hängt allerdings auch mit der Anerkennung der Bedeutung der Königinnen Emma und Wilhelmina für die Geschichte der Dynastie zusammen.

9

Alfred Fürst zu Stolberg-Stolberg ist seit 1848 mit Auguste Amalie Ida van Waldeck und Pyrmont verheiratet.

10

Vgl. Dieneke de Vries: 'Enkele notities over de beeltenis van Juliana van Stolberg', in: *Jaarboek Vereniging Oranje-Nassau Museum* 1992, S. 81-88.

2. Allemaal familie

Willem 'de Rijke' van Nassau. Doek 31x24,5 cm, Joh. Tideman 1671 (kopie). [Statenzaal, Provinciehuis, Groningen]

Wilhelm „der Reiche" von Nassau. Leinwand 31x24,5 cm, Joh. Tideman 1671 (Kopie). [Statenzaal, Provinciehuis, Groningen]

Gravin Juliana van Stolberg geniet al tijdens haar leven een zekere beroemdheid wegens het grote aantal nakomelingen dat zij heeft: ruim honderdzestig! De kinderrijkdom begint met haar twee huwelijken. Op haar zeventiende jaar trouwt de Stolbergse met graaf Filips II van Hanau, van wie ze in ruim vijf huwelijksjaren vijf kinderen krijgt. Na zijn dood in 1529 hertrouwt zij met graaf Willem van Nassau, van wie ze twaalf kinderen krijgt. Aldus is zij tussen 1523 (begin eerste zwangerschap) en 1550 (geboorte laatste kind), dat wil zeggen vanaf haar zeventiende tot haar vier-en-veertigste levensjaar, meer wél dan niet in verwachting. Het bijzondere is dat van haar zeventien kinderen er slechts twee op jonge leeftijd overlijden, hetgeen voor die tijd weinig is.

Nog vóór de geboorte van Juliana's jongste kind ligt de volgende generatie in de wieg, want al in 1546 wordt de Stolbergse voor het eerst grootmoeder. De generaties gaan dus vloeiend in elkaar over. Haar kinderen zullen eveneens zeer veel kinderen voortbrengen. Haar beroemde zoon Willem van Oranje wordt vader van maar liefst zestien kinderen, waaronder één (bekende) bastaardzoon. Drie hunner sterven als zuigeling. Zijn jongere broer Jan krijgt maar liefst 24 kinderen; hiervan zijn er acht jonggestorven of doodgeboren. Maar Willem was vier maal, Jan drie maal getrouwd, zodat hun vele kinderen door in totaal zeven vrouwen worden voortgebracht.

Juliana's dochters blijken net als zij zelf bijzonder vruchtbaar. Een krijgt vijftien kinderen, drie krijgen veertien kinderen, één krijgt tien kinderen.

2. Alles Familie

Aufgrund der großen Zahl ihrer Nachkömmlinge – gut hundertsechzig! – erfreut Gräfin Juliana sich bereits zu Lebzeiten einer gewissen Berühmtheit. Ihre beiden Ehen legen den Grundstein für diesen Kinderreichtum. Mit 17 heiratet die Stolbergerin den Grafen Philipp II. von Hanau, dem sie in gut fünf Ehejahren fünf Kinder schenkt. Nach seinem Tod im Jahr 1529 heiratet sie erneut, diesmal den Grafen Wilhelm von Nassau, von dem sie 12 Kinder bekommt. Sie ist somit zwischen 1523 (Beginn ihrer ersten Schwangerschaft) bis 1550 (Geburt ihres letzten Kindes), das heißt von ihrem 17. bis zu ihrem 44. Lebensjahr, den größten Teil der Zeit schwanger. Für die damalige Zeit sehr ungewöhnlich ist, daß nur zwei ihrer siebzehn Kinder früh sterben.

Noch vor der Geburt von Julianas jüngstem Kind liegt bereits die folgende Generation in der Wiege: 1546 wird Juliana zum ersten Mal Großmutter. Die Generationen gehen also nahtlos ineinander über. Auch Julianas Kinder bekommen sehr viele Kinder. Ihr berühmter Sohn Wilhelm von Oranien wird Vater von nicht weniger als sechzehn Kindern, darunter ein (bekanntes) uneheliches Kind. Drei seiner Kinder sterben im Säuglingsalter. Sein jüngerer Bruder Johann bekommt sogar 24 Kinder, von denen acht tot geboren werden bzw. im Säuglingsalter sterben. Allerdings ist Wilhelm vier Mal und Johann drei Mal verheiratet, ihre vielen Kinder stammen also von insgesamt sieben verschiedenen Frauen. Wie die Mutter, erweisen sich auch Julianas Töchter als außerordentlich fruchtbar. Eine von ihnen bekommt fünfzehn Kinder, je drei Töchter haben vierzehn, eine andere bekommt zehn. Dabei geht es vor allem um die Töchter aus der Ehe mit Nassau, das Geschlecht Hanau erweist sich als weniger stark. Es scheint sogar ein Fluch auf dem Geschlecht zu ruhen, dessen Angehörige oft jung sterben. Julianas erster Mann Philipp II. von Hanau-Münzenberg wird mit 13 Jahren Waise, und hat bis zu seiner Volljährigkeit einen Vormund. Er selbst stirbt mit 27 Jahren und hinterläßt Juliana als Witwe mit kleinen Kindern. Ihr Sohn Philipp III. – Nachfolger seines Vaters – ist dann noch ein kleines Kind und bekommt zunächst ebenfalls einen Vormund. Aber auch ihn trifft der Fluch: Sehr zum Kummer seiner Mutter Juliana stirbt er im frühen Alter von 35 Jahren plötzlich. „Mit betrübtem Gemut" berichtet sie ihrem Sohn Wilhelm von Oranien von Philipps Tod. Auch Philipps Sohn und Nachfolger, Julianas Enkel, verliert schon im Alter von 26 Jahren sein Leben. Im Jahre 1641 stirbt das Geschlecht Hanau-Münzenberg endgültig aus.

Jan van Nassau, 1535-1606, Juliana's tweede zoon, is vader van 24 kinderen.

Johann von Nassau, 1535-1606, Julianas zweiter Sohn, ist Vater von 24 Kindern.

Het betreft dan vooral de Nassaudochters. Het geslacht Hanau is minder sterk, ja er lijkt zelfs een vloek op deze familie te heersen, waardoor zij telkens op jonge leeftijd sterven. Zo is Juliana's eerste man Filips II van Hanau-Münzenberg op dertienjarige leeftijd wees geworden en staat hij tot zijn meerderjarigheid onder voogdij. Zelf overlijdt hij op 27-jarige leeftijd, zodat Juliana als weduwe met kleine kinderen achterblijft. Hun zoon en opvolger Filips III is dan nog een kleuter, die eveneens onder voogdij komt. Maar ook hem treft de vloek: op 35-jarige leeftijd sterft hij onverwachts, tot groot verdriet van zijn moeder Juliana. 'Mit betrübtem Gemut' bericht ze haar zoon Willem van Oranje van Filips' overlijden. Ten slotte zal ook diens zoon en opvolger, Juliana's kleinzoon dus, jong (26 jaar) overlijden. In 1641 zal het geslacht Hanau-Münzenberg definitief uitsterven.
Gezien het grote aantal kinderen en kleinkinderen is het niet verwonderlijk, dat Juliana ook de geboorte van veel achterkleinkinderen heeft mogen beleven. Tussen 1571 en 1573 komen de eerste drie ter wereld. Het zijn meisjes, die alle drie Juliana worden genoemd. De volgende jaren breidt het aantal nakomelingen zich geweldig uit. Een genealoog heeft berekend dat er rond 1650 meer dan twaalfhonderd zijn. 'Haar lijf was als een vruchtbare wijnstok', schrijft een door Juliana opgevoede neef. In onze dagen, zo vervolgt hij, heeft geen grafelijk persoon in ons Rijk geleefd die rijkelijker door God bedacht is met nakomelingen tot in de derde generatie[11].
Hoe wijdvertakt dit nakomelingenschap is, blijkt uit het feit dat álle Europese vorstenhuizen van gravin Juliana afstammen. Van de Britse koningin Elisabeth tot de Zweedse koning Carl Gustaaf, van de Habsburgers tot de Hohenzollerns, van de groothertogen van Luxemburg tot zelfs de vorsten van Monaco: allen hebben ze dezelfde oermoeder, Juliana van Stolberg. Zelfs koningin Emma, prins Hendrik (Mecklenburg) en prins Bernhard zijn met haar verwant. Toch is dit minder verbazingwekkend dan het lijkt. Vroeger trouwde men immers altijd *ebenbürtig*, d.w.z. onder elkaar. In de vijfhonderd jaar die sinds de geboorte van de gravin zijn verstreken hebben haar nakomelingen zich door hun huwelijken dan ook wijd en zijd kunnen vertakken. Zo kon men inderdaad tot voor kort alle Europese vorstenhuizen tesamen beschouwen als één grote familie.[12a]
Overigens 'herhaalt de geschiedenis' zich in 1932 bijna. Bij het zoeken naar een ebenbürtige echtgenoot voor prinses Juliana wordt om dynastieke redenen -– mede op instigatie van grootmoeder Emma – de blik gericht op het Huis Stolberg. Dit heeft immers de stammoeder geleverd en is dus extra aantrekkelijk. Er zijn drie potentiële huwelijks-kandidaten: Dr Otto graaf zu Stolberg-Wernigerode (tak Jannowitz), Wolff Heinrich vorst zu Stolberg-Stolberg en Ludwig Christian graaf zu Stolberg-Wernigerode. Er worden contacten gelegd, maar zij leiden niet tot het gewenste resultaat.[12b]

11

Ernst von Holstein-Schaumburg aan Albrecht Georg zu Stolberg, Dillenburg 29 juni 1580, in: Jacobs, *Juliana*, p. 508.

12a

A.W.E. Dek: 'De afstammelingen van Juliana van Stolberg tot de Vrede van Munster', in *Spiegel der Historie* 3, Zaltbommel 1968, p. 226-304; idem: *Genealogie van het vorstenhuis Nassau*. Zaltbommel 1970; J.P.D. van Banning: *De afstammelingen uit de overgrootouders van prinses Juliana en prins Bernhard*. Maastricht [1937]; Christian Cannuyer, *De Europese vorstenhuizen. De gekroonde families die het oude continent maakten*, Turnhout 1989.

12b

Cees Fasseur, *Wilhelmina. Krijgshaftig in een vormeloze jas*. Amsterdam 2001, p. 118-119.

In Anbetracht der beträchtlichen Zahl an Kindern und Enkeln ist es nicht erstaunlich, daß Juliana noch die Geburt vieler Urenkel erlebt. Zwischen 1571 und 1573 werden die ersten drei geboren, alles Mädchen, die den Namen Juliana erhalten. In den Jahren danach steigt die Zahl der Nachkömmlinge rasant an. Ein Genealoge hat ausgerechnet, daß es um das Jahr 1650 mehr als zwölfhundert sind. „Ihr Leib war wie eine fruchtbare Weinrebe", schreibt ein von Juliana erzogener Neffe und fährt mit der folgenden Charakterisierung fort: „In unserer Zeit hat in unserem Reich keine gräfliche Person gelebt, die von Gott reicher mit Nachkommenschaft bis in die dritte Generation beschenkt wurde"[11].

Wie weit verzweigt diese Nachkommenschaft ist, sieht man daran, daß sämtliche europäischen Fürstenhäuser, von der englischen Königin Elisabeth bis zum schwedischen König Carl Gustaf, von den Habsburgern bis zu den Hohenzollern, von den Großherzögen von Luxemburg bis sogar hin zu den Fürsten von Monaco, von der gleichen Urmutter abstammen: Juliana von Stolberg. Sogar Königin Emma, Prinz Heinrich (von Mecklenburg), der Ehemann von Königin Wilhelmina, und Prinz Bernhard, der Ehemann von Königin Juliana, sind mit ihr verwandt. Dieser Sachverhalt ist übrigens weniger erstaunlich, als man zunächst denkt. Man heiratete früher grundsätzlich ebenbürtig. In den fünfhundert Jahren, die seit der Geburt der Gräfin vergangen sind, haben sich ihre Nachkömmlinge durch ihre Heiraten in alle Himmelsrichtungen hin verzweigt. So konnte man bis vor kurzem tatsächlich alle europäischen Fürstenhäuser als eine große Familie betrachten.[12a]

Übrigens gibt es 1932 fast eine 'Wiederholung der Geschichte'. Beim Nachdenken über mögliche ebenbürtige Eheanwärter für die niederländische Prinzessin Juliana richtet sich der Blick aus dynastischen Motiven – unter anderem auf Betreiben der Großmutter Emma – auf das Haus Stolberg. Dieses hat die Stammmutter geliefert und ist daher besonders anziehend. Es gibt dort drei potentielle Kandidaten: Dr. Otto Graf zu Stolberg-Wernigerode (Zweig Jannowitz), Wolff Heinrich Fürst zu Stolberg-Stolberg und Ludwig Christian Graf zu Stolberg-Wernigerode. Er werden Kontakte angeknüpft, die aber erfolglos bleiben.[12b]

11

Ernst von Holstein-Schaumburg an Albrecht Georg zu Stolberg, Dillenburg 29. Juni 1580, in: Jacobs, *Juliana*, S. 508.

12a

A.W.E. Dek: "De afstammelingen van Juliana van Stolberg tot de Vrede van Munster", in *Spiegel der Historie* 3, Zaltbommel 1968, S. 226-304; idem: *Genealogie van het vorstenhuis Nassau*. Zaltbommel 1970; J.P.D. van Banning: *De afstammelingen uit de overgrootouders van prinses Juliana en prins Bernhard*. Maastricht [1937]; Christian Cannuyer, *De Europese vorstenhuizen. De gekroonde families die het oude continent maakten*, Turnhout 1989.

12b

C, Fasseur, *Wilhelmina. Krijgshaftig in een vormeloze jas*. Amsterdam 2001, p. 118-119.

Tijdens het bezoek van koningin Wilhelmina en prinses Juliana aan de kastelen Stolberg en Wernigerode in 1932 schilderde de koningin bijgaand uitzicht vanuit kasteel Wernigerode [25x18 cm, Stichting Historische Verzamelingen van het Huis Oranje-Nassau].

Während des Besuches der Königin Wilhelmina und Prinzessin Juliana an die Schlösser Stolberg und Wernigerode 1932 malte die Königin diesen Blick vom Schloß Wernigerode (25x18 cm, Stichting Historische Verzamelingen van het Huis Oranje-Nassau).

3. Stolberg: de familie, de stad, het kasteel

De familie. Juliana wordt geboren als telg van een aanzienlijk adellijk geslacht dat teruggaat tot de 12de eeuw, in ieder geval tot een zekere Heinrich die in 1210 aangeduid wordt als "grave von Stalberg" (met a). Sedertdien wordt Juliana's geboorteplek, de middeleeuwse burcht Stolberg die hoog uittorent boven het gelijknamige stadje ononderbroken bewoond door het grafelijke, later vorstelijke geslacht van Stolberg. Behalve Juliana telt de familie andere beroemde telgen. Te noemen is de dichter en staatsman Friedrich Leopold zu Stolberg-Wernigerode, vriend van Johann Wolfgang Goethe. De twee maken in 1775, samen met Stolbergs broer Christian en een bevriende edelman, een reis naar Zwitserland. Hun zuster Augusta 'Gustchen' zu Stolberg geniet een zekere faam, vooral in literaire kringen, door haar correspondentie met Goethe. Bekendheid verwerft ook graaf (sinds 1890 vorst) Otto zu Stolberg. Hij is onder meer 1876-1878 Duits ambassadeur in Wenen, vervolgens vice-kanselier van het Duitse Rijk en 1893-1896 president van het Pruisische *Herrenhaus.*
Sedert 1210 is Stolberg stamslot van de familie. Aan de meer dan achthonderdjarige verbondenheid tussen stad en familie Stolberg komt in 1945, bij de opmars van het Rode Leger, een abrupt einde. De huidige vorst, Jost-Christian zu Stolberg, slaat in dit laatste oorlogsjaar als vijfjarig jongetje met zijn familie op de vlucht. Uiteindelijk belandt hij in Brussel waar hij nu woont met zijn vrouw en vier kinderen, onder wie de hierboven genoemde dochter Juliana. Sinds de 'Wende', de val van de muur in 1989, heeft de vorst zoals al deze Midden-Duitse families geprobeerd delen van zijn vroegere bezittingen terug te krijgen. De Duitse Bondsregering besloot echter alle communistische onteigeningen niet ongedaan te maken. Na jarenlange verwaarlozing in de DDR-periode werd Slot Stolberg verworven door de Deutsche Stiftung Denkmalschutz. Thans wordt het gerestaureerd.

Wapen van de familie Stolberg – Familienwappenbuch [part. coll.].

Wappen der Familie Stolberg – Familienwappenbuch [Privatbesitz]

3. Stolberg: die Familie, die Stadt, das Schloß

Die Familie. Juliana wird als Sproß eines bedeutenden adligen Geschlechts geboren, das bis ins 12. Jahrhundert zurückgeht. Nachweislich läßt sich ihr Stammbaum jedenfalls bis zu einem gewissen Heinrich zurückverfolgen, der 1210 als "Grave von Stalberg" (mit a) bezeichnet wird. Seit der Zeit wird Julianas Geburtsort, die mittelalterliche Burg Stolberg, die sich hoch über dem gleichnamigen Städtchen erhebt, ununterbrochen vom gräflichen und später fürstlichen Geschlecht derer von Stolberg bewohnt. Abgesehen von Juliana zählt die Familie noch andere berühmte Sprößlinge, wie den Dichter und Staatsmann Friedrich Leopold zu Stolberg, ein Freund von Johann Wolfgang von Goethe. Im Jahr 1775 unternehmen die beiden zusammen mit Stolbergs Bruder Christian und einem befreundeten Edelmann eine Reise in die Schweiz. Ihre Schwester Augusta „Gustchen" zu Stolberg erfreut sich aufgrund ihres Schriftwechsels mit Goethe ebenfalls einer gewissen Berühmtheit. Bekannt ist auch Graf (und seit 1890 Fürst) Otto zu Stolberg-Wernigerode, der u. a. von 1876-1878 deutscher Botschafter in Wien, dann Vizekanzler des Deutsches Reiches und anschließend von 1893–1896 Präsident des Preußischen *Herrenhauses* ist.

Seit 1210 ist Stolberg Stammschloß der Familie. Die mehr als achthundertjährige Verbundenheit zwischen der Stadt und der Familie Stolberg wird im letzten Kriegsjahr durch den Einmarsch der Roten Armee abrupt beendet. 1945 flüchtet die Familie; der heutige Fürst, Jost-Christian zu Stolberg, ist damals 5 Jahre alt. Er gelangt schließlich nach Brüssel, wo er jetzt mit seiner Frau und vier Kindern, darunter auch die oben genannte Tochter Juliana, wohnt. Seit der Wende 1989 hat der Fürst wie alle diese Familien aus

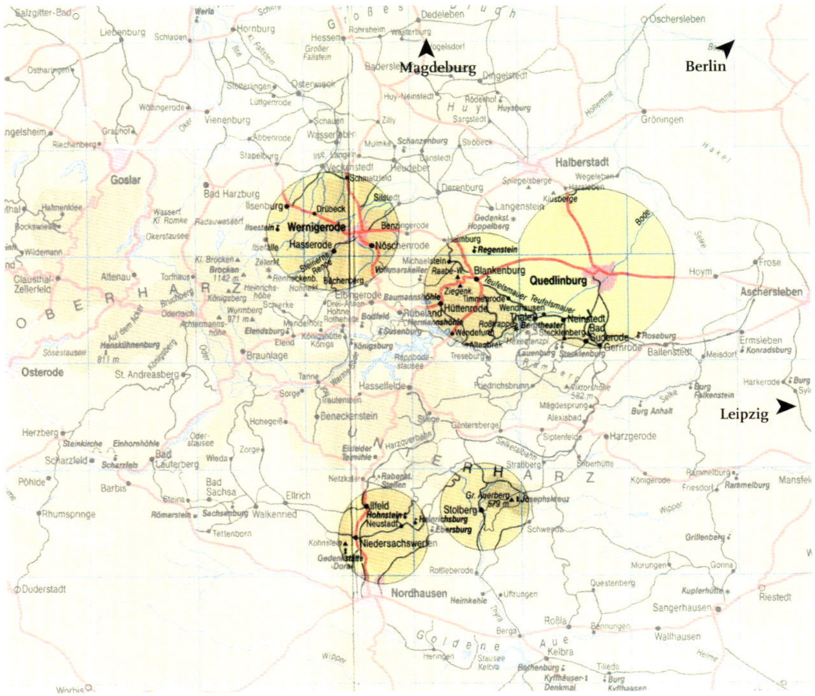

Overzichtskaart van de Harz. Te zien zijn de bezittingen van de familie Stolberg (Wernigerode, Hohnstein, Stolberg), Quedlinburg (Juliana's zuster Anna is hier abdis) en Blankenburg (hier woont Juliana's zuster Magdalena).

Übersichtskarte des Harz. Zu sehen ist der Besitz der Familie Stolberg (Wernigerode, Hohnstein, Stolberg), Quedlinburg (wo Julianas Schwester Anna Äbtissin ist) und Blankenburg (hier wohnt Julianas Schwester Magdalena)

De stad. De stad Stolberg, schitterend gelegen in drie langwerpige dalen, is ongeveer even oud als de grafelijke burcht en latere slot. Niemand minder dan Maarten Luther, die Stolberg in 1525 bezoekt, vergelijkt haar op treffende wijze met een vogel. 'Het slot', zo zou hij gezegd hebben, 'is de kop, de twee zijstraten zijn de vleugels, de Markt de romp en de straat daaronder de staart'.

Bijzonder is dat Stolberg nooit stadsmuren heeft hoeven bouwen, omdat de bergen rondom een natuurlijke bescherming bieden. Een ander gevolg van deze ligging is dat het stadje vrijwel geen ruimte heeft gehad om zich te kunnen uitbreiden. Verder is Stolberg grotendeels gespaard gebleven voor stadsbranden en oorlogsverwoestingen, zodat tal van oude huizen – doorgaans in *Fachwerk* – bewaard zijn gebleven. In het stadje staan zelfs achttien huizen van vóór 1530. Kenners die met monumentenzorg te maken hebben roemen dan ook de 'unieke eenheid van landschap, stad en bebouwing'. In Juliana's tijd telt de stad tussen 1350 en 1750 bewoners – anno 2006 zijn het er ca. 1500. Een en ander betekent dat de bezoeker anno 2006 min of meer in hetzelfde Stolberg wandelt als gravin Juliana na 1506.

De grafelijke familie Stolberg maakt in de 15de en 16de eeuw een bloeitijd door. In 1417 heeft zij de nabijgelegen burcht Hohnstein gekocht, in 1429 heeft Juliana's voorvader bovendien

De burcht Hohnstein ca 1620, in 1417 door de familie Stolberg gekocht, 1627 in vlammen opgegaan. [part.coll.]

Die Burg Hohnstein (Neustadt, Harz), ca. 1620, 1417 gekauft von der Familie Stolberg, fiel 1627 den Flammen zum Opfer. [Privatsammlung]

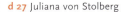

Juliana's vader Botho III zu Stolberg-Wernigerode.
[Onbekende kunstenaar 16de e., kasteel Wernigerode]

Julianas Vater Botho III. zu Stolberg-Wernigerode
[von unbekannter Hand 16. Jh., Stiftung Dom und Schlösser in Sachsen-Anhalt. Ausgestellt im Schloß Wernigerode]

Juliana's moeder Anna von Eppstein-Königstein, kopie
[onbekende kunstenaar 16de e., part.coll.]

Julianas Mutter Anna von Eppstein-Königstein, Kopie.
[von unbekannter Hand, Privatbesitz]

Stolberg, Rittergasse 44: Vakwerkhuis uit Juliana's tijd.

Stolberg, Rittergasse 44: Fachwerkbau mit Fächerrosetten 16. Jh.

Mitteldeutschland versucht, Teile seines ehemaligen Besitzes zurück zu bekommen. Die deutsche Bundesregierung entschied aber, alle kommunistischen Enteignungen nicht rückgängig zu machen. Nach jahrelangem Verfall zu DDR-Zeiten und auch noch später wurde Schloß Stolberg von der Deutschen Stiftung Denkmalschutz erworben und wird jetzt mühevoll restauriert.

Die Stadt. Die Stadt Stolberg, die sich wunderschön in drei länglichen Tälern erstreckt, ist etwa genauso alt wie die gräfliche Burg und späteres Schloß. Kein Geringerer als Martin Luther, der Stolberg 1525 besucht, vergleicht die Stadt treffend mit einem Vogel: „Das Schloß", so soll er gesagt haben, „ist der Kopf, die beiden Seitenstraßen die Flügel, der Markt der Rumpf und die Straße unterhalb des Markts der Schwanz".
Das Außergewöhnliche ist, daß Stolberg nie eine Stadtmauer zu bauen brauchte, weil die den Ort umringenden Berge ihm einen natürlichen Schutz gewähren. Eine andere Folge

het belangrijke graafschap Wernigerode (Noord-Harz) geërfd. Sedertdien pendelt de grafelijke familie heen en weer tussen het slot Stolberg, de burcht Hohnstein en het slot Wernigerode. Ten tijde van de geboorte van Juliana is het Graafschap Stolberg 'immediaat' (*reichsunmittelbar*). Dit betekent dat Stolberg rechtstreeks van het Rijk [de Keizer] afhangt en niet aan een landsheer ondergeschikt is. Juliana's vader Botho III (1467-1538), bijgenaamd 'der Glückselige', is sinds 1500 regerend graaf, eerst samen met zijn tweelingbroer, vanaf 1511 alleen. Hij is actief op diplomatiek, militair en economisch-administratief gebied. Onder meer is hij *geheimraad* (vertrouwde raadsman) van de keizers Maximiliaan en Karel V. Als zodanig is hij veelvuldig op reis – tot verdriet van zijn echtgenote die over zichzelf spreekt als 'unverstorben Witfrau', onbestorven weduwe. Zo reist Botho in 1498 naar Sneek om daar namens de hertog van Saksen het gezag over Friesland en Groningen te aanvaarden.[13] In 1518 krijgt hij van de keizer de met sagen omgeven *Brocken*, hoogste berg (1141 meter) van de Harz, met het gebied eromheen als rijksleen in bezit. Graaf Botho heeft het geluk dat hij met zijn bezittingen in het Harzgebergte beschikt over een 'zilveren schatkist'. Er is veel mijnbouw in bonte metalen (lood, zink, koper, zilver) mogelijk. In 1537 zorgt hij er voor de eerste Bergordnung (arbeidsorganisatie). De 'Glückseligkeit' van Botho komt ook door de rijke erfenis van zijn vrouw Anna van Eppstein-Königstein. Zij brengt via haar broer belangrijke graafschappen en bezittingen in Hessen en België in de familie. 'Vom Harz bis an den Rhein – ist mein!', zou Botho uitgeroepen hebben.

Mijnbouw in de 16de eeuw. Links: het naar boven halen van het grondwater; rechts: de manieren van vervoer. [Georgius Agricola (Georg Bauer): 'De re metallica', 1556]

Bergbau im 16. Jh. Links: Die Wasserhebung, rechts: Verschiedene Arten der Fahrung. [Georgius Agricola (Georg Bauer): '"De Re Metallica Libri XII", 1556]

Het kasteel. Een bron van geluk voor de graaf vormt waarschijnlijk ook zijn gezin van dertien kinderen, van wie Juliana het vijfde is. Dankzij recente onderzoekingen ten behoeve van de restauratie[14] weet men enigszins hoe de grafelijke familie, en dus ook Juliana, haar stamslot bewoonde. Om te beginnen wonen de Stolbergs er natuurlijk niet alleen. Er is een flinke schare mensen in dienst om het grote familiebedrijf gaande te houden. Op het kasteelterrein heeft men arbeidsruimtes ontdekt van rentmeester en maarschalk, maar ook van barbier, kuiper en schenker (hoort de grafelijke familie wijn in te schenken). Verder bevindt zich op het areaal onder meer een kleermakerij, brouwerij, bakkerij, graanpakhuis, waterput, er zijn honden-, varkens- en paardestallen, ja, er is zelfs een dierentuin. Tot de keukenafdeling behoren vlees- en provisiekamers, wijn- en bierkelders. Om dit alles, maar ook de Graafschappen Stolberg en Wernigerode en overige bezittingen, te besturen en te beheren is een kantoorruimte aanwezig.

13

Botho's tweelingbroer Hendrik XX (1467-1508) wordt in 1506 stadhouder van Friesland.

14

Claudia C. Hennrich: 'Das Schloss Stolberg', in: Monika Lücke en Claudia C. Hennrich: *Juliana – eine 'Oranierin' aus Stolberg im Harz*, Stolberg 2006, p. 27-60. Zie ook: Idem: *Schloss Stolberg im Harz*. Bonn [Deutsche Stiftung Denkmalschutz] 2003; Wolfgang Knape, *Stolberg. Der Stadtführer*, Wernigerode 2001.

der Lage ist, daß das Städtchen praktisch keinen Platz hat, um sich auszudehnen. Auch Feuersbrünste und Kriegszerstörungen bleiben Stolberg größtenteils erspart, so daß viele alte Häuser, meist Fachwerkhäuser, erhalten geblieben sind. Es gibt sogar noch 18 Häuser aus der Zeit vor 1530. Fachleute, die sich mit Denkmalschutz beschäftigen, rühmen die „einzigartige Einheit von Landschaft, Stadt und Bauwerken". Zu Julianas Zeit zählt die Stadt zwischen 1350 und 1750 Einwohner – anno 2006 sind es knapp 1500. Das bedeutet, daß der Besucher im Jahre 2006 mehr oder weniger im gleichen Stolberg spazierengeht wie Gräfin Juliana nach 1506.

Die gräfliche Familie Stolberg erlebt im 15. und 16. Jahrhundert eine Blütezeit. 1417 erwirbt sie die benachbarte Burg Hohnstein, 1429 erbt einer von Julianas Ahnen außerdem die wichtige Grafschaft Wernigerode (Nord-Harz). Somit pendelt die gräfliche Familie zwischen Schloß Stolberg, der Burg Hohnstein und Schloß Wernigerode. Zur Zeit von Julianas Geburt ist die Grafschaft Stolberg reichsunmittelbar, das heißt, Stolberg untersteht unmittelbar dem Reich (dem Kaiser) und nicht einem Landesherren.

Julianas Vater Botho III. (1467-1538), der den Beinamen „der Glückselige" trägt, ist seit 1500 regierender Graf, zunächst zusammen mit seinem Zwillingsbruder und ab 1511 alleine. Er ist auf diplomatischem, militärischem und verwaltungs-wirtschaftlichem Gebiet aktiv, so fungiert er auch als *Geheimrat* (enger Vertrauter) der Kaiser Maximilian und Karl V. Daher ist er viel auf Reisen – sehr zum Kummer seiner Ehefrau, die von sich selbst als „unverstorbe Witfrau", nicht gestorbene Witwe, spricht. 1498 reist Botho nach Sneek, um im Namen des Herzogs von Sachsen die Herrschaft über Friesland und Groningen anzutreten.[13] 1518 übereignet ihm der Kaiser den sagenumwobenen *Brocken*, den höchsten Berg im Harz (1141 Meter) mit den umliegenden Gebieten als Reichslehen. Graf Botho hat das Glück, daß er mit seinen Besitztümern im Harz über eine „silberne Schatzkiste" verfügt. Es gibt dort viele Bergwerke, in denen Buntmetall (Blei, Zink, Kupfer, Silber) abgebaut wird. 1537 erläßt Botho die erste Bergordnung (Gesetz zur Durchsetzung des Bergregals). Die „Glückseligkeit" Bothos hängt auch mit der reichen Erbschaft seiner Frau Anna von Eppstein-Königstein zusammen, über deren Bruder die stattlichen Grafschaften und Besitztümer in Hessen und Belgien an das Haus Stolberg gelangen „Vom Harz bis an den Rhein – ist mein!", soll Botho gesagt haben.

Das Schloß. Für den Grafen stellt wahrscheinlich auch seine Familie mit den dreizehn Kindern, von denen Juliana das fünfte ist, eine Quelle des Glücks dar. Dank kürzlich abgeschlossener Untersuchungen im Rahmen der Restauration von Schloß Stolberg[14] weiß man

De familie Stolberg had het recht eigen munten te slaan. Dit zorgde voor een aardige inkomstenbron. Linksboven met een afbeelding van graaf Wolfgang 1551; rechtsboven 'Wolf Ludovi Hinri Alber Georg et Christ' (van de gebroeders Wolfgang, Ludwig, Heinrich, Albert Georg und Christoph 1546), Rechtsonder een Taler 1571.

Die Familie Stolberg hatte das Recht, eigene Münzen zu schlagen, was eine Quelle ansehnlicher Einkünfte darstellte. Münzprägung Grafschaft Stolberg. Links oben Bildnis des Grafen Wolfgang 1551, rechts oben 'Wolf Ludovi Hinri Alber Georg et Christ': gemeinsame Prägung der Brüder Wolfgang, Ludwig, Heinrich, Albert Georg und Christoph 1546, rechts unten Taler 1571.

13

Bothos Zwillingsbruder Heinrich XX. (1467-1508) wird 1506 Statthalter von Friesland.

Wat de woonruimtes van Juliana en haar familieleden betreft: deze zijn uitermate gerieflijk. Ze zijn ingericht met voortreffelijke materialen en hebben een voorname uitstraling. In de 'neue Stube' bevinden zich een langwerpige en een ronde tafel, een messing lichtkroon

Tekening van slot Stolberg, vermoedelijk ca 1700 [part.coll.]

Handzeichnung von Schloß Stolberg, vermutlich um 1700 [Privatsammlung].

voor zes kaarsen en een Turks vloerkleed. De ramen hebben geen gewoon vensterglas, maar Venetiaans glas, dat doorzichtiger is.

Dat de familie Stolberg op ruime voet leeft, blijkt niet alleen uit de inrichting en inventaris van het kasteel, maar ook uit hun uitgaven. Per week verbruikt de grafelijke keuken ruim één gulden aan levensmiddelen. Ter vergelijking: de kok verdient in 1507 (dus een jaar na Juliana's geboorte) acht gulden per jaar, het kindermeisje drie gulden, de stoker vier gulden. Om het overzicht compleet te maken: de jaarlijkse uitgaven van het grafelijke hof bedragen in die tijd ca 7917 gulden[15].

Op kleding wordt evenmin gespaard. De familieleden kopen graag mooie en kostbare stoffen, zoals onder meer blijkt uit rekeningen uit de periode 1519-1520. Voor de ruim dertienjarige Juliana worden dan op de markt in Frankfurt 20 el goudglanzende stof (per el één gulden; 1 el = 69 cm) en 5 el gouden damast (prijs 37,50 gulden) aangeschaft.

15

Monika Lücke: 'Stolberger Jahre', in: M. Lücke en C.C. Hennrich, o.c., p. 8-25.

heute in etwa, wie die gräfliche Familie – und somit auch Juliana – in ihrem Stammschloß gelebt hat. Zunächst einmal bewohnt die gräfliche Familie ihr Schloß natürlich nicht alleine; es gibt eine große Schar von Leuten, die den Großfamilienbetrieb in Gang hält. Auf dem Schloßgelände befinden sich Arbeitsplätze für den Rentmeister und den Marschall, für den Barbier, den Böttcher und den Mundschenk (der der gräflichen Familie den Wein einschenkt). Außerdem befindet sich auf dem Gelände eine Schneiderei, eine Brauerei, eine Bäckerei, ein Getreidepackhaus, ein Brunnen, Hunde-, Pferde- und Schweineställe, und sogar ein Tiergarten. Zur Küchenabteilung gehören Fleisch- und Vorratskammern sowie Wein- und Bierkeller. Um diesen Haushalt und die Grafschaften Stolberg und Wernigerode und die sonstigen Besitztümer zu lenken und zu verwalten, gibt es eine Schreibstube.

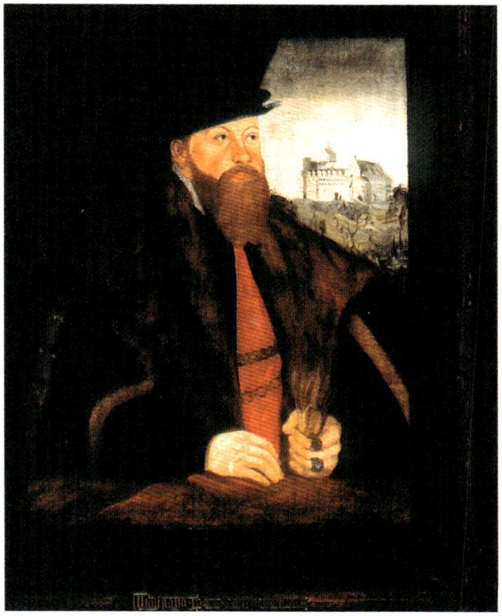

Juliana's broer Wolfgang zu Stolberg-Wernigerode, opvolger van Botho III. Op de achtergrond slot Stolberg. [onbekende kunstenaar, 16e eeuws, Schloß Wernigerode]

Julianas Bruder Graf Wolfgang zu Stolberg und Wernigerode, Nachfolger des Grafen Botho III. Im Hintergrund Schloß Stolberg [von unbekannter Hand, 16. Jh, Stiftung Dom und Schlösser in Sachsen-Anhalt. Ausgestellt im Schloß Wernigerode].

Die Wohngemächer Julianas und ihrer Familienangehörigen sind teilweise komfortabel. Sie sind mit erlesenen Materialien eingerichtet und haben eine vornehme Ausstrahlung. In der „neuen Stube" gibt es einen länglichen und einen runden Tisch, einen Messing-Kronleuchter für sechs Kerzen und einen türkischen Teppich. In den Fensterrahmen befindet sich kein gewöhnliches Fensterglas, sondern venezianisches Glas, das durchsichtiger ist. Daß die Familie Stolberg auf großem Fuß lebt, beweist nicht nur die Einrichtung und das Inventar des Schlosses, es läßt sich auch an ihren Ausgaben ablesen. Jede Woche verbraucht die gräfliche Küche gut einen Gulden für Lebensmittel. Zum Vergleich sei erwähnt, daß der Koch 1507 (ein Jahr nach Julianas Geburt) jährlich acht Gulden verdient, das Kindermädchen drei Gulden, und der Heizer vier Gulden. Um das Gesamtbild zu vervollständigen, muß man wissen, daß die jährlichen Gesamtausgaben des gräflichen Hofs in jener Zeit ca. 7917 Gulden betragen[15].
Auch an der Kleidung wird nicht gespart. Die Familie kauft gerne schöne, kostbare Stoffe, wie man u. a den Rechnungen aus den Jahren 1519 und 1520 entnehmen kann. Für die damals etwa dreizehnjährige Juliana werden auf dem Markt in Frankfurt 20 Ellen goldglänzender Stoff (Kosten 1 Gulden je Elle; 1 Elle = 69 cm) und 5 Ellen goldener Damast (Preis 37,50 Gulden) angeschafft.

14

Claudia C. Hennrich: „Das Schloß Stolberg", in: Monika Lücke und Claudia C. Hennrich: *Juliana – eine „Oranierin" aus Stolberg im Harz*, Stolberg 2006, S. 27-60. S. auch: Idem: *Schloß Stolberg im Harz.* Bonn Deutsche Stiftung Denkmalschutz] 2003; Wolfgang Knape, *Stolberg. Der Stadtführer*, Wernigerode 2001.*Stadtführer*, Wernigerode 2001.

15

Monika Lücke: „Stolberger Jahre", in: M. Lücke und C.C. Hennrich, o.c., S. 8-25.

Tuinen en tuinkunst

Gravin Juliana bewoont in de loop van haar leven diverse kastelen. Daarbij horen tuinen en boomgaarden als noodzakelijke bestanddelen van de duizenden burchten en kastelen die in de 16de eeuw over het land verspreid liggen. De kruid- en siertuinen liggen doorgaans binnen de muren, terwijl de boomgaarden vaak daarbuiten liggen, meestal aan de voet van de burchtheuvel. De kasteeltuinen zijn overigens tamelijk klein – er is immers niet zo veel ruimte beschikbaar.

Tuinsoorten.

Maar er zijn ook andere tuinen. Grof gezegd bestaan er in Juliana's tijd drie soorten tuinen: kloostertuinen, kasteeltuinen en burgertuinen. De kloostertuinen zijn aangelegd uit praktische overwegingen en zijn aanvankelijk vooral kruidentuinen. Men kweekt hier geneeskrachtige gewassen en planten voor gebruik in de keuken. Kloosters fungeren veelal als apotheek voor de mensen in de omgeving.

Ook kasteeltuinen zijn aanvankelijk nutstuinen. Later trekken ook schone bloemen de aandacht en zij krijgen een plaats op een apart bed. Weliswaar is het al in de Middeleeuwen en ook in de 16de eeuw gebruik om in tuinen een vierkant bedje met sierplanten aan te leggen, maar deze mooie bloemen hebben een 'nutsfunctie': zij zijn bedoeld voor de opsmuk van het altaar. Bij kastelen onderhoudt men verder ook boomgaarden, waar men appel, peer, pruim, perzik, kastanje, kwee (gekweekte, appelachtige boom), kers, mispel, hazelaar en walnoot vindt, soms bovendien nog amandelen, moerbeien en vijgen. In de kruidentuin, die het belangrijkste deel blijft, staan allerlei geneeskrachtige gewassen, waartoe ook rozen, lelies en violen behoren. Deze laatste worden bovendien gebruikt voor de bereiding van lekkernijen als rozenhoning, viooltjesstroop, enzo meer. Vooral mooie en/of geurige planten en bloemen zoals rozen en anjers worden in potten gezet – al sinds de Kruistochten is de potcultuur bekend. Verder wordt het steeds populairder om uitheemse planten te krijgen en te verzorgen, vooral uit het Middellandse Zee-gebied en het Midden-Oosten (zie hieronder).

Ten slotte zijn er ook burgertuinen. Zeer beroemd is de tuin van bankier en kunstverzamelaar Raimund Fugger (1489-1535) in Augsburg. In 1530 brengt keizer Karel V zelfs een bezoek aan dit lusthof met fonteinen en standbeelden. In dezelfde stad heeft ook de consul Gerbrod een tuin, 'Fressgütlein' genoemd, met visvijvers, wijngaardspalieren en kronkelende wegen.

Tuin in de 16de eeuw. (De Lente, Pieter Breughel de Jongere [toegeschreven] 1561-1638, huidige verblijfplaats onbekend)
Garten 16. Jh. (Frühling, Pieter Breughel d.J. [zugeschrieben] 1561-1638, verschollen)

(Nieuwe) gewassen

Nieuwe planten en bomen, afkomstig zowel uit het oosten als uit de nieuw ontdekte werelden, maken in de 16de eeuw hun opwachting in Europa. Voorbeelden van deze (niet tropische) gewassen, waarvan wij meestal denken dat ze sinds onheuglijke tijden in onze streken groeien, zijn: de steeneik (ca 1500, uit Italië), de moerbei (ca 1500, uit Perzië), Afrikaantje (ca 1550, uit Mexico via Afrika), tulp (uit Turkije, bloeit voor het eerst in Augsburg 1559), hyacint (vóór 1569, uit Turkije) en de kleine oostindische kers (vóór 1574, uit Zuid-Amerika).
In deze jaren zijn er diverse geleerden die planten en bloemen bestuderen, beschrijven en indelen. In 1542 verschijnt '*De stirpium historia*' (in het Duits vertaald als '*New Kreutterbuch*', in het Nederlands als '*Den nieuwen Herbarius*') van de geneesheer en plantkundige Dr Leonhart Fuchs (Fuchsius, 1501-1566). Het bestaat uit 556 bladzijden en bevat 517 afbeeldingen. Fuchs beschrijft hierin vierhonderd planten. Driehonderd hiervan zijn inheems en groeien rondom Fuchs' huis in Tübingen, honderd zijn exoten. Dit boek is het eerste dat ingaat op de zintuiglijke beleving van bloemen en planten. In 1554 publiceert de geneesheer Dr Rembert Dodoens (Dodoneus, 1517-1585) zijn '*Cruydeboeck*', overigens niet in het Latijn, maar direct in het Nederlands. Dit veel vertaalde werk wordt het meest gebruikte handboek over kruiden in West-Europa. Ook Dodoens spreekt over sierplanten die een 'lust voor het oog' zijn.

Hoe zien de kasteeltuinen eruit? Doorgaans bestaan ze uit vierkante (ook wel langwerpige) perken, gelijkmatig verdeeld over vakken, waarbij de bloembedden soms opgehoogd zijn ten opzichte van de paden. In deze verhoogde tuinbedden ('rabatten') staan de bloemen smaakvol verdeeld, waarbij men ervoor zorgt dat iedere plant tot zijn recht komt. Omdat er maar weinig gewassen beschikbaar zijn (kwekerijen bestaan nog niet, laat staan bloemenwinkels) zijn de planten niet zoals tegenwoordig dicht bijeen, maar ver uit elkaar geplaatst, met een afstand van zo'n 75 à 100 cm. Het geheel wordt versierd met bogen, tunnels en priëlen gemaakt van latwerk, en fonteinen. Vaak groepeert men de bedden om een middelpunt, een bassin, een bron of een rond bed. Ook worden beelden en vazen van marmer en steen geplaatst. Typerend zijn ook de strakgeschoren hagen

Met medewerking van drs Carla Oldenburger- Ebbers, Oldenburgers Historische Tuinen.

Gärten und Gartenkunst

Zu den verschiedenen Schlössern, die Gräfin Juliana im Laufe ihres Lebens bewohnt, gehören Gärten und Obstgärten, wie es im 16. Jahrhundert auf den tausenden Burgen und Schlössern, die überall im Land verstreut liegen, üblich ist. Kräuter- und Ziergärten befinden sich normalerweise innerhalb der Schloß- oder Burgmauern, während die Obstgärten oft außerhalb, meist am Fuße des Schloßhügels, liegen. Da der Platz innerhalb der Schloßmauern knapp ist, sind die Schloßgärten meist nicht sehr groß.

Arten von Gärten

Zu Julianas Zeit gibt es im Prinzip drei verschiedene Arten von Gärten: Klostergärten, Schloßgärten und Bürgergärten. Die Klostergärten dienen vor allem praktischen Zwecken; es sind anfänglich vor allem Kräutergärten, in denen Heilkräuter und –pflanzen sowie Kräuter und Gemüse für die Küche angepflanzt werden. Klöster fungieren zu jener Zeit oft als Apotheke für die Bevölkerung der Umgebung.

Auch in Schloßgärten finden sich zunächst vor allem „nützliche" Pflanzen; erst später werden Blumen wegen ihres Zierwerts in speziellen Beeten angepflanzt. Im Mittelalter und auch noch im 16. Jahrhundert ist es zwar üblich, in Gärten ein quadratisches Beet mit Zierpflanzen anzulegen, doch diese haben eine „nützliche" Funktion: sie dienen als Altarschmuck.

Zu einem Schloß gehört meist auch ein Obstgarten mit Äpfeln, Birnen, Pflaumen, Pfirsichen, Kastanien, Quitten, Mispeln, Haselnüssen und Walnüssen und manchmal auch Mandel-, Maulbeer und Feigenbäumen. Der wichtigste Teil des Gartens jedoch bleibt der Kräutergarten, in dem Heilpflanzen gezüchtet werden, zu denen damals auch Lilien, Rosen und Veilchen zählen. Letztere züchtet man auch für die Zubereitung von Naschereien wie Rosenhonig oder Veilchensirup. Vor allem besonders schöne oder angenehm duftende Pflanzen wie Rosen und Nelken werden in Töpfen gezüchtet – die Topfzucht kennt man nämlich bereits seit der Zeit der Kreuzzüge. Außerdem wird es allmählich Sitte, Pflanzen aus fernen Ländern, vor allem aus dem Mittelmeerraum und dem Nahen Osten, zu bekommen und sie zu versorgen (siehe unten).

Schließlich gibt es noch Bürgergärten. Sehr berühmt ist der Garten des Bankiers und Kunstsammlers Raimund Fugger (1489-1535) in Augsburg. Sogar Kaiser Karl V. besucht im Jahre 1530 diesen Lusthof mit Fontänen und Statuen. Ein anderer Bürger von Augsburg, Konsul Gerbrod, besitzt einen Garten mit Fischweihern, Traubenspalieren und schlängelenden Pfaden, der „Fressgütlein" genannt wird.

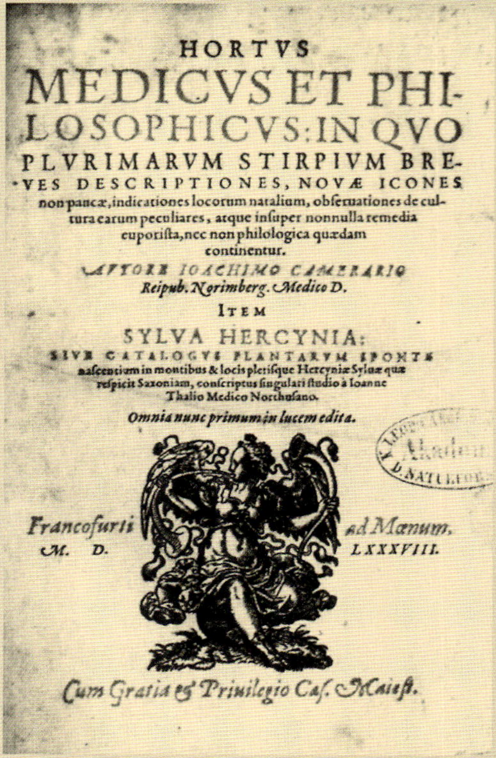

HORTVS
MEDICVS ET PHILOSOPHICVS: IN QVO
PLVRIMARVM STIRPIVM BREVES DESCRIPTIONES, NOVÆ ICONES
non paucæ, indicationes locorum natalium, obseruationes de cultura earum peculiares, atque insuper nonnulla remedia euporista, nec non philologica quædam continentur.
AVTORE IOACHIMO CAMERARIO
Reipub. Norimberg. Medico D.
ITEM
SYLVA HERCYNIA:
SIVE CATALOGVS PLANTARVM SPONTE
nascentium in montibus & locis plerisque Hercyniæ Syluæ quæ respicit Saxoniam, conscriptus singulari studio à Ioanne Thalio Medico Northusano.
Omnia nunc primum in lucem edita.
Francofurti ad Mœnum.
M. D. LXXXVIII.
Cum Gratia & Priuilegio Cæs. Maiest.

Johannes Thal (1542-1583)
Botaniker der Stolberger Grafen

Mit Johannes Thal beginnt die systematische botanische Erforschung der Südharzlandschaft. Er schrieb ein Werk, das ihm für immer einen Namen in der botanischen Wissenschaft gemacht hat, die 'Sylva Hercynia'. Johannes, Sohn eines evangelischen Predigers, besucht die Schule in Erfurt, danach die Klosterschule in Ilfeld. Nach dem Studium der Medizin in Jena um 1561 wirkt Thal als Arzt in Nordhausen. Bei seinem Aufenthalt in Nordhausen knüpft er Beziehungen zu dem pflanzenkundigen Stolberger Superintendenten Georg Aemylius. Im Jahre 1572 gewinnen die Stolberger Grafen Ludwig II, Heinrich XXI, Albrecht Georg und Christoph I, alle Brüder der Juliana, Johannes Thal für sich und als Physikus für ihre Stadt Stolberg. Hier in Stolberg, dessen Umgebung er besonders eifrig durchforscht, schreibt er 1577 die 'Sylva Hercynia'. Sein Buch, das sich wesentlich von den bisher üblichen Kräuterbüchern unterscheidet, ist damals eine wissenschaftliche Großtat, denn sie ist der erste Florenkatalog eines geografische umgrenzten Gebietes, der der Pflanzenkunde neue Wege weist.

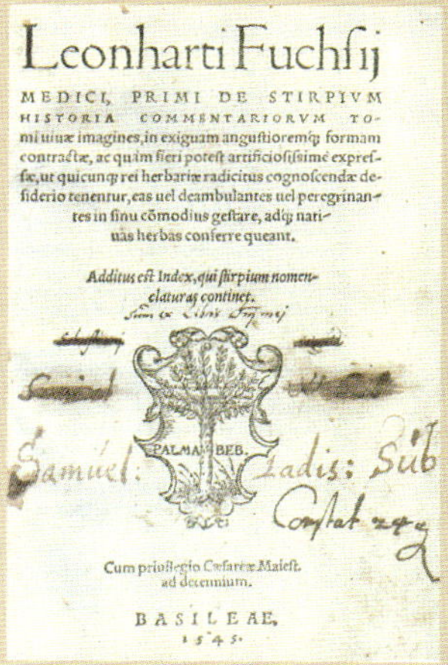

Leonharti Fuchsij
MEDICI, PRIMI DE STIRPIVM HISTORIA COMMENTARIORVM TOmi uiuæ imagines, in exiguam angustioremq; formam contractæ, ac quàm fieri potest artificiosissimè expressæ, ut quicunq; rei herbariæ radicitus cognoscendæ desiderio tenentur, eas uel deambulantes uel peregrinantes in sinu cōmodius gestare, adijq; natiuas herbas conferre queant.
Additus est Index, qui stirpium nomenclaturas continet.
PALMA BEB.
Cum priuilegio Cæsareæ Maiest. ad decennium.
BASILEAE,
1545.

Het beroemde boek van Dr Fuchs. /
Das berühmte Buch von Dr Fuchs.

Chilipeper. Fuchs wilde zowel nieuwe en exotische als zuiver geneeskrachtige planten beschrijven. De door hem voor het eerst beschreven chilipeper is een van de vijf planten uit de Nieuwe Wereld, in Europa onbekend tot het begin van de 16de eeuw.

Chilipfeffer. Fuchs will sowohl neue exotische als auch rein heilkräftige Pflanzen veranschaulichen. Es beschreibt als erster den Chilipfeffer, eine der fünf Pflanzen aus der Neuen Welt, die erst zu Anfang des 16. Jh. in Europa eingeführt werden.

(Neue) Gewächse

Im 16. Jahrhundert kommen unbekannte Pflanzen und Bäume sowohl aus der östlichen Hemisphähre als auch aus der Neuen Welt nach Europa. Solche (nicht tropischen) Gewächse, von denen wir oft glauben, daß sie schon seit ewigen Zeiten bei uns wachsen, sind zum Beispiel die Steineiche (ca. 1500 aus Italien), die Maulbeere (ca. 1500 aus Persien), Tagetes (ca. 1550 über Afrika aus Mexico), die Tulpe (aus der Türkei; blüht 1559 zum ersten Mal in Augsburg), die Hyazinthe (vor 1569 aus der Türkei) und die Kleine Kapuzinerkresse (vor 1574 aus Südamerika)

Verschiedene Gelehrte erforschen, beschreiben und klassifizieren damals Pflanzen. Im Jahre 1542 erscheint die Abhandlung „De stirpium historia" (1543 als „New Kreutterbuch" ins Deutsche und als „Den nieuwen Herbarius" ins Niederländische übersetzt) des deutschen Arztes und Pflanzenkundlers Dr Leonhart Fuchs (Fuchsius, 1501-1566). Das Buch beschreibt auf 556 Seiten mit 517 Abbildungen vierhundert Pflanzen, davon dreihundert einheimische, die in der Umgebung von Fuchs´ Haus in Tübingen wachsen; einhundert sind exotische Pflanzen. Dieses Buch ist das erste, das sich nicht mit dem Nutzwert von Pflanzen, sondern mit ihrer Wirkung auf unsere Sinne, mit ihrem Aussehen und ihrem Duft beschäftigt. 1554 veröffentlicht der Arzt Dr Rembert Dodoens (Dodoneus, 1517-1585) sein 'Cruydeboeck', übrigens nicht erst in Latein, sondern im Original auf Niederländisch. Dieses vielfach übersetzte Buch wird in Westeuropa zum Standardbuch über Kräuter. Auch Dodoens spricht von Zierpflanzen, die „eine Lust für das Auge" sind.

Wie sehen die Schloßgärten nun aus? Sie bestehen aus meist quadratischen, in Einzelfällen auch länglichen Beeten, die in gleichmäßige Felder unterteilt sind; die Blumenbeete sind zum Teil aufgehäuft und liegen höher als die Wege. In diesen erhöhten Beeten werden die Blumen geschmackvoll in Rabatten angepflanzt um jede Pflanze zur Geltung kommen zu lassen. Es gibt damals relativ wenig Gewächse (Gärtnereien oder gar Blumengeschäfte sind unbekannt) und die Bepflanzung ist daher weniger dicht als heute; der Abstand zwischen den Pflanzen beträgt 75 bis 100 cm. In den Gärten errichtet man zur Zierde Bögen, Tunnels, Gartenlauben aus Lattengerüsten und Springbrunnen. Die Beete werden oft um einen Mittelpunkt herum gruppiert, zum Beispiel einen Brunnen oder ein rundes Beet. Auch werden Statuen und große Vasen aus Marmor oder anderen Steinsorten aufgestellt; ein weiteres Charakteristikum sind gerade geschnittene Hecken.

Mit Unterstützung von drs Carla Oldenburger- Ebbers, Oldenburgers Historische Tuinen.

4. Jeugdjaren

Wapen Stolberg-Wernigerode

Wappen Stolberg-Wernigerode

De kleine Juliana groeit in de hierboven geschetste min of meer zorgeloze omgeving op. Zoals gebruikelijk in hoogadellijke families wordt zij met haar zusjes en broertjes mede verzorgd en opgevoed door minnemoeders (zoogsters), kindermeisjes en privé-onderwijzers. Juliana en haar zusjes zijn verder veel in het gezelschap van hun vijf hoffreules, die fungeren als hofdames en speelgenoten. De kemenade (vrouwenvertrek) van het slot, de 'frauwen dorntze', is hun vaste verblijfplaats.
In de periode dat Juliana opgroeit zijn er volop bonte kerkelijke gebruiken, die zeker belangrijk zijn geweest voor haar godsdienstige vorming. Er zijn optochten, lichtfeesten in de donkere wintermaanden waarbij kaarsen worden gebrand (van Sint Maarten tot Maria Lichtmis), zegeningen van paarden en honden en vastenavondspelen.[16] Als men iets wenst of hulp nodig heeft, roept men bepaalde heiligen aan. Bij moeilijkheden of problemen onderneemt men een bedevaart naar een heiligdom om te bidden of boete te doen. Vastenavond (Fastnacht) wordt in Stolberg uitbundig gevierd met dans, muziek, spel, eten en – soms te veel – drank. De bevolking van de stad wordt herhaaldelijk gemaand zich in die dagen niet te lichtzinnig te gedragen en gewaarschuwd voor dronkenschap.
De grafelijke familie ontvangt voor deze feestelijkheden doorgaans talrijke gasten. Hierbij worden muzikanten uitgenodigd om hen bij het eten en dansen te vermaken. Toevallig is het vijf dagen na Juliana's geboorte vastenavond en deze dag wordt voor het doopfeest van het jonge gravinnetje uitgekozen. De koster krijgt negen pond was voor fakkels en kaarsen. Volgens de bewaarde rekeningen worden verder voor één gulden lekkernijen en suikergoed aangeschaft. De doop vindt zoals bij de andere kinderen plaats in de slotkapel. Enige tijd na de bevalling gaat gravin Anna volgens het gebruik ter kerke om God te danken voor het krijgen van haar dochter Juliana.
Het jaar kent niet alleen veel kerkelijke feestdagen, er zijn ook tal van geschenkdagen. Bij de jaarmarkt, met Kerstmis en Nieuwjaar krijgt oud en jong cadeaus. Het mooiste feest is echter Sinterklaas, dat ook op slot Stolberg uitgebreid wordt gevierd. Allen worden elk jaar weer op 6 december verrast door de gulle Heilige. In 1507 krijgt Juliana poppen, in 1515 een zakmes (in die tijd heeft ieder zijn eigen mes) en peperkoek. De cadeaus die op Nieuwjaar worden gegeven zijn kostbaar. Juliana krijgt op deze dag vaak mooie kledingstukken zoals een galon, een halsband en een fluwelen ceintuur. Winkels om zulke stoffen en andere zaken te kopen bestaan nog niet – de inkopen worden

16
Ed. Jacobs: 'Aufführungen, Sitten und Bräuche zu Stolberg im 15. und 16. Jahrhundert', in: *Zeitschrift des Harz-Vereins für Geschichte und Altertumskunde* [17], Wernigerode 1884, p. 174-187.

4. Jugendjahre

Slot en stad Stolberg 2006.

Schloß und Stadt Stolberg 2006

In dieser mehr oder weniger sorgenfreien Umgebung wächst die kleine Juliana auf. Wie in hochadligen Familien üblich, wird sie zusammen mit ihren Schwestern und Brüdern von Ammen und Kindermädchen versorgt und von Privatlehrern erzogen. Juliana und ihre kleinen Schwestern verbringen viel Zeit in der Gesellschaft ihrer fünf Edelfräulein, die als Hofdamen und Spielkameradinnen fungieren. Meistens halten sie sich in der Kemenate (dem Frauengemach) des Schlosses auf, der 'frauwen dorntze'.

In Julianas Kindheit spielt das ausgeprägte kirchliche Brauchtum, das mit Sicherheit ihre religiöse Erziehung geprägt hat, eine große Rolle. Es gibt Prozessionen und Lichterfeste und in den dunklen Wintermonaten (von Sankt Martin bis Maria Lichtmess) brennen Kerzen. Pferde und Hunde werden gesegnet und zur Fastnacht finden Spiele statt.[16] Wer ein Anliegen hat oder etwas braucht, ruft den entsprechenden Heiligen an, und bei Schwierigkeiten oder Problemen begibt man sich auf Wallfahrt zu einem Heiligtum, um zu beten oder Buße zu tun. Die Fastnacht wird in Stolberg mit Tanz, Musik, Spielen, Essen und – manchmal zuviel – Alkohol, ausgelassen gefeiert. Die Bevölkerung der Stadt wird deshalb stets ermahnt, nicht zu leichtsinnig zu sein und sich nicht zu betrinken.

Die gräfliche Familie empfängt anläßlich der Festlichkeiten in der Regel viele Gäste und lädt Musikanten ein, die beim Essen und zum Tanz aufspielen. Fünf Tage nach Julianas Geburtstag ist Fastnacht und man wählt diesen Tag für die Taufe der kleinen Gräfin aus. Der Küster erhält neun Pfund Wachs für Fackeln und Kerzen. Aus den erhalten gebliebenen Rechnungen geht hervor, daß man für einen ganzen Gulden Leckerbissen und Süßigkeiten anschaffte. Die Taufe findet wie bei Julianas Brüdern und Schwestern in der Schloßkapelle statt. Gemäß der Sitte besucht Gräfin Anna einige Tage nach der Entbindung den Gottesdienst, um Gott für die Geburt ihrer Tochter Juliana zu danken.

Das Jahr kennt nicht nur viele kirchliche Feiertage, sondern auch eine Reihe von Tagen, anläßlich derer Geschenke verteilt werden. Zum Jahrmarkt, an Weihnachten und an Neujahr gibt es Geschenke für Jung und Alt. Das schönste Fest aber ist St. Nikolaus, das auf

16

Ed. Jacobs: „Aufführungen, Sitten und Bräuche zu Stolberg im 15. und 16. Jahrhundert", in: *Zeitschrift des Harz-Vereins für Geschichte und Altertumskunde* [17], Wernigerode 1884, S. 174-187.

meestal op de jaarmarkten van bijvoorbeeld Leipzig, Neurenberg en Frankfurt gedaan. De ouders van Juliana doen ook mee aan andere modes van die tijd. Zo geven ze geld uit voor narren die voor hen optreden. Ook een dwerg verblijft enige tijd aan hun hof. In 1507 hebben zij zelfs een 'Turk', een exotische verschijning, als stalknecht in dienst. Verder is herhaadelijk sprake van beren die gevangen zijn of ten geschenke worden gegeven. Deze gevaarlijke dieren lopen in de Harz vrij rond – het vangen ervan is het vermelden in de grafelijke rekeningen waard. In later jaren houdt vader Botho zelfs een papegaai. Het hebben van bijzondere mensen of dieren is niet alleen aantrekkelijk voor Juliana en haar familie, het is ook belangrijk omdat het de glans van het hof verhoogt.

Kaart van het gebied dat Juliana zoveel jaren bewoont met plaatsen als Butzbach, Königstein, Hanau, Dillenburg, Siegen en Beilstein. Ook Braunfels en Weilburg waar haar dochters wonen, zijn te zien.

Karte des Gebiets, in dem Juliana viele Jahre wohnt mit u.a. Butzbach, Königstein, Hanau, Dillenburg, Siegen und Beilstein. Ebenfalls zu sehen sind Braunfels und Weilburg, wo Julianas Töchter wohnen.

Toch zal Juliana niet al haar meisjesjaren in Stolberg doorbrengen. Daar is een goede reden voor. De broer van haar moeder, graaf Eberhard van Königstein-Eppstein, heeft tot zijn verdriet geen kinderen – en dus ook geen erfgenamen voor zijn rijke bezittingen. Bovendien zijn Juliana's ouders bijzonder gesteld op graaf Eberhard en zijn vrouw. Botho schrijft hem eens: 'Euer Liebden sind mein höchster Freund und Freundin, die ich auf Erden hab.'[17] De oplossing ligt voor de hand: daar het Stolberg-gezin niet minder dan dertien kinderen telt, kunnen enkelen daarvan wel door oom Eberhard worden opgevoed. Juliana's één na oudste broer Ludwig en haar jongste broer Christoph worden bovendien benoemd tot diens erfgenamen. Een en ander betekent dat Juliana vanaf ongeveer haar dertiende levensjaar met enige broers en haar zusje Maria woont op het kasteel van haar oom, Butzbach im Taunus (bij Frankfurt). Hier krijgt zij een opvoeding overeenkomstig haar stand (standesgemäß), die haar moet voorbereiden op een toekomstig leven als vrouw van een voornaam en belangrijk edelman, bij voorkeur in het Rijngebied.

Ook Juliana's oom Eberhard von Eppstein-Königstein (148·-1535) slaat eigen munten. Deze 'Batzen' (zilvermunt) stamt uit 1521.

Auch Julianas Onkel Eberhard von Eppstein-Königstein (1481-1535) schlägt eigene Münzen. Dieser Batzen (Silbermünze) stammt von 1521.

17

Brief Andreae avond (29 nov.) 1526, LHASA, MD, A 81, 1; Jacobs, *Juliana*, p. 6.

Schloß Stolberg groß gefeiert wird. Jedes Jahr am 6. Dezember werden alle mit Geschenken überrascht. Im Jahr 1507 bekommt Juliana Puppen und 1515 ein Taschenmesser (zu jener Zeit war es üblich, sein eigenes Messer zu haben) und Pfefferkuchen. Zu Neujahr gibt es kostbarere Geschenke; für Juliana oft schöne Kleidungsstücke: Zierborten, ein Kehlbändlein, Samtgürtel. Kostbare Stoffe und dergleichen kann man noch nicht in Geschäften kaufen – die Einkäufe werden deshalb meist auf Jahrmärkten, z.B. in Leipzig, Nürnberg oder Frankfurt, getätigt.

Schloß Königstein / Taunus: hier woont Juliana enige jaren bij haar oom Eberhard. Het slot is in 1796 door de Fransen verwoest.

Schloß Königstein im Taunus: Hier wohnt Juliana einige Jahre bei ihrem Onkel Eberhard. Das Schloß wird 1796 von den Franzosen zerstört.

Julianas Eltern machen auch die anderen Moden jener Zeit mit. Beispielsweise geben sie Geld für Narren aus, die sie für sich auftreten lassen. Zeitweise gibt es an ihrem Hof einen Zwerg und im Jahr 1507 haben sie sogar einen „Türken", ein exotisches Wesen, als Stallknecht in Dienst. Außerdem werden wiederholt Bären erwähnt, die man gefangen nimmt oder als Geschenk erhält. Diese gefährlichen Tiere laufen damals im Harz noch frei herum. Wenn eines davon gefangen wird, ist die Tatsache von so großer Bedeutung, daß sie in der gräflichen Buchführung Erwähnung findet. In späteren Jahren hält sich Vater Botho sogar einen Papagei. Das Halten exotischer Tiere ist nicht nur ein Zeitvertreib für Juliana und ihre Familie, es erhöht auch den Status des Hofs.

Slot Butzbach (Wetterau, Hessen) ca 1910. Hier wordt 1520 Juliana's huwelijkscontract ondertekend. Het slot, vanaf 1818 in gebruik als kazerne, wordt thans gerestaureerd. [prentbriefkaart].

Schloß Butzbach (Wetterau, Hessen) etwa 1910. Hier wird 1520 Julianas Eheberedung unterzeichnet. Das Schloß, seit 1818 Kaserne, wird zur Zeit restauriert [Ansichtskarte]

Juliana verbringt jedoch nicht ihre gesamten Mädchenjahre in Stolberg und dafür gibt es einen guten Grund: Die Ehe des Bruders ihrer Mutter, Graf Eberhard von Königstein-Eppstein, bleibt zu seinem Kummer kinderlos, weswegen dem Graf die Erben für seine reichen Besitztümer fehlen. Das Verhältnis zwischen Julianas Eltern und dem Grafen Eberhard und seiner Frau ist so eng, daß Botho einmal an die beiden schreibt, „Euer Liebden sind mein höchster Freund und Freundin, die ich auf Erden hab".[17] Die Lösung für die Erbschaftsfrage liegt auf der Hand: Da die Familie Stolberg ganze dreizehn Kinder zählt, werden einige davon von Onkel Eberhard erzogen. Julianas zweitältester Bruder Ludwig und ihr jüngster Bruder Christoph werden außerdem zu Erben des Grafen ernannt. Juliana lebt etwa ab ihrem dreizehnten Lebensjahr mit einigen ihrer Brüder und ihrer Schwester Maria auf dem Schloß ihres Onkels in Butzbach im Taunus (bei Frankfurt), wo sie eine standesgemäße Erziehung genießt, die sie auf ihr zukünftiges Leben als Frau eines vornehmen und ranghohen Edelmanns, vorzugsweise im Rheinland, vorbereiten soll.

17

Brief Andreae Abend (29 Nov.) 1526, LHASA, MD, A 81, 1; Jacobs, *Juliana*, S. 6.

5. Twee huwelijken

Juliana heeft vier zusjes – en die dienen allen een bij hun rang en stand passende toekomst te krijgen. Daarvoor bestaan eigenlijk maar twee mogelijkheden: abdis in een adellijk klooster of een dynastiek en/of politiek gunstig huwelijk. In Juliana's tijd (en nog lang daarna) worden huwelijken immers niet uit liefde gesloten, maar uit berekening: hoe wordt de familie en het graafschap Stolberg er beter van? De gravinnen hebben zelf nauwelijks inspraak. Een en ander wordt geregeld door hun vader, oom Eberhard en andere mannelijke verwanten.

Voor Juliana's oudste zusje Anna is goed gezorgd: vader Botho slaagt erin – na het betalen van flinke sommen gelds aan de paus – haar al in 1516 benoemd te krijgen tot abdis van het nabijgelegen, zeer prestigieuze klooster Quedlinburg (Harz)[18]. Anna van Stolberg, die bij haar aanstelling nauwelijks twaalf jaar oud is, krijgt hiermee de rang van een Reichsfürstin; haar inkomsten bedragen 30.000 Reichstaler per jaar en ze krijgt een eigen woning[19]. In 1539 zal Anna de reformatie in haar klooster invoeren; tot haar dood in 1574, dus 58 jaar lang, blijft zij abdis.

Juliana's jongere zusje Magdalena wordt aan een graaf uit de omgeving ten huwelijk gegeven. Maar de Harz ligt nogal afgelegen en het aantal geschikte echtgenoten is er geringer dan in het Rijngebied. Daarom is de verhuizing van de gravinnen Juliana en Maria naar het kasteel van hun oom gunstig, want tal van voorname geslachten hebben in die omgeving hun residentie. Bovendien zullen hun broers de rijke erfenis van oom Eberhard overnemen en dus in deze streek blijven wonen.

Juliana's zuster Anna, abdis van Klooster Quedlinburg. Portret van onbekende kunstenaar. [Slot Wernigerode]

Julianas Schwester Anna, Äbtissin des Reichsstifts Quedlinburg. Porträt von unbekannter Hand. [Schloß Wernigerode]

18

Christian Juranek: *Schloss Wernigerode*, Halle (Saale) 1999, p. 14.

19

Informatie Museum Stift Quedlinburg, februari 2006. Het klooster wordt in 937 gesticht door de moeder van keizer Otto de Grote; zijn dochter Mathilde is de eerste, Anna van Stolberg de 28ste abdis. De 19de en 30ste abdissen zijn eveneens gravinnen van Stolberg. In 1803 wordt het sticht geseculariseerd.

5. Zwei Ehen

Juliana hat vier Schwestern, die alle ihrem Rang und Stand entsprechend versorgt werden müssen. Dafür gibt es eigentlich nur zwei Möglichkeiten: Äbtissin in einem adeligen Kloster zu werden oder eine dynastisch und/oder politisch vorteilhafte Ehe zu schließen. Zu Julianas Zeit (und noch lange danach) werden Ehen nicht aus Liebe, sondern aus Berechnung und aufgrund strategischer Erwägungen geschlossen: Die entscheidende Frage lautet, welche Ehe ist für die Familie und die Grafschaft Stolberg am vorteilhaftesten? Die Gräfinnen selbst dürfen dabei kaum mitreden. Die Entscheidungen treffen ihr Vater, Onkel Eberhard und andere männliche Verwandte für sie.

Für Julianas älteste Schwester Anna wird gut gesorgt: Nachdem er dem Papst erhebliche Geldsummen bezahlt hat, gelingt es ihrem Vater Botho, sie bereits 1516 zur Äbtissin des nahe gelegenen, sehr angesehenen Klosters Quedlinburg (Harz)[18] ernennen zu lassen. Anna von Stolberg, die zum Zeitpunkt ihrer Ernennung kaum zwölf Jahre alt ist, erhält dadurch den Rang einer Reichsfürstin. Ihr steht ein Einkommen von 30.000 Reichstalern pro Jahr zur Verfügung und darüber hinaus erhält sie eine eigene Wohnung[19]. Im Jahre 1539 führt Anna in ihrem Kloster die Reformation ein und bis zu ihrem Tod im Jahre 1574, also über eine Periode von 58 Jahren, bleibt sie dessen Äbtissin.

Quedlinburg. Gezicht op het slot en de kloosterkerk.

Quedlinburg. Blick auf den Schloßberg mit Schloß und Stiftskirche.

Julianas jüngere Schwester Magdalena wird mit einem Grafen aus der Umgebung verheiratet. Der Harz liegt jedoch so abgelegen, daß die Anzahl geeigneter potentieller Ehegatten geringer ist als im Rheinland. Die Situation der Gräfinnen Juliana und Maria verbessert sich deshalb mit ihrem Umzug in das Schloß ihres Onkels, in dessen Umgebung viele angesehene Geschlechter residieren, entscheidend. Zudem sollen Julianas Brüder das reiche Erbe Onkel Eberhards antreten und sich somit auf Dauer in der Gegend niederlassen.

Der erste Ehegatte: Philipp II. Graf von Hanau-Münzenberg (1501-1529). Für Juliana sucht die Familie Philipp II. von Hanau-Münzenberg als Ehemann aus. Seine Grafschaft liegt etwa

18

Christian Juranek: *Schloß Wernigerode*, Halle (Saale) 1999, S. 14.

19

Informationen des Museums Stift Quedlinburg, Februar 2006. Das Kloster wird 937 von der Mutter Kaiser Ottos des Großen gegründet; seine Tochter Mathilde ist die erste, Anna von Stolberg die 28. Äbtissin . Die 19. und die 30. Äbtissin sind ebenfalls Gräfinnen zu Stolberg. 1803 wird das Kloster säkularisiert.

(rechts)
Schloß Hanau. Op dit slot (afgebroken 1829) met grote tuin en boomgaard woont Juliana 1523-1531.

Schloß Hanau. In diesem Schloß mit großem Garten und „Bangert" (Baumgarten) wohnt Juliana 1523 – 1531 (Schloß 1829 abgerissen). [Merian 1632]

(onder)
Huidige stadswapen Hanau met adelskroon.
(unten)
Wappen der Stadt Hanau mit Adelskrone.

De eerste echtgenoot: Filips II graaf van Hanau-Münzenberg (1501-1529). Voor Juliana heeft de familie Filips II van Hanau-Münzenberg als echtgenoot op het oog. Diens graafschap ligt zo'n 15 kilometer ten oosten van Frankfurt am Main. Niet Juliana's vader Botho, maar oom Eberhard voert in 1519-1520 de huwelijksonderhandelingen met graaf Willem van Nassau, momber [voogd] van de bruidegom en bevriend met de Eppsteins. Zo leert Juliana haar latere echtgenoot, die twintig jaar ouder is dan zij zelf, nader kennen. Na langdurig overleg wordt een huwelijkscontract opgesteld, dat op 16 juni 1520 op kasteel Butzbach ondertekend kan worden. Deze plechtige *Eheberedung* wordt gezegeld door zes mannen: namens de veertienjarige bruid door haar vader Botho en de onderhandelaar oom Eberhard; door bruidegom Filips en zijn momber Willem van Nassau; en ten slotte door twee getuigen[20]. Het document regelt de gebruikelijke zaken: de hoogte van de bruidsschat van haar vader (4000 gulden), toelage van de bruidegom (8000 gulden), morgengave (1000 gulden), voorzieningen in geval van weduwschap, enzomeer.

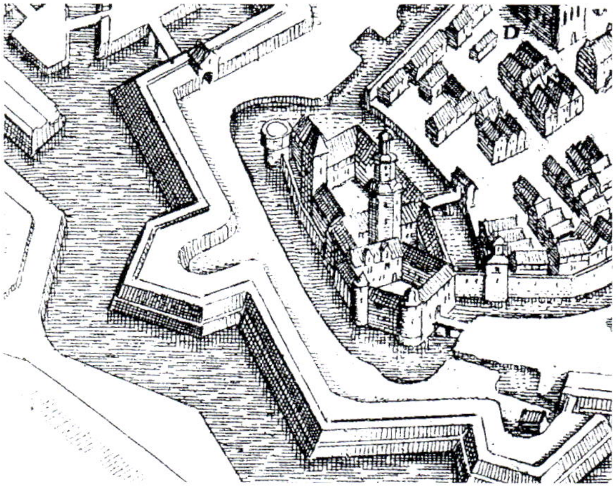

Omdat Juliana pas veertien jaar is, zal het huwelijk voorlopig niet geconsumeerd worden. Dat is niet ongebruikelijk: huwelijken vinden doorgaans in drie etappes plaats.
De opstelling en ondertekening van het contract is het begin. Deze vinden vaak vroegtijdig plaats om zeker te zijn van een gunstige verbintenis. De volgende stap is het *Beilager*, de officiële bijslaap, waarbij de bruid wordt geacht maagd te zijn; pas in de ochtend hierop ontvangt zij haar *Morgengabe*. Het hoogtepunt ten slotte is de *Heimführung* of *Heimfahrt*, de tocht die de bruid vergezeld door familie en gasten naar haar nieuwe woonstede maakt, gevolgd door uitgebreide feestelijkheden aldaar.
Tussen deze stappen kunnen dagen, maanden, zelfs jaren liggen, zoals in het geval van Juliana. Want zij blijft de volgende drie jaar gewoon bij haar oom wonen. In die tijd gebeuren er twee belangrijke zaken in haar leven. In maart 1522 woont ze op het kasteel van Siegen de dagenlange doopfeestelijkheden bij van Magdalena, dochter van Willem van Nassau. Hoe kan ze op dat moment vermoeden dat dit meisje ooit haar stiefdochter zal worden en Willem haar man? En driekwart jaar later, in januari 1523, zet zij haar handtekening onder twee verklaringen, waarin ze afstand doet van haar erfrechten in Stolberg-Wernigerode en Hanau. Omdat dit de eerste keer is dat Juliana een document

20
De getuigen zijn: Filips graaf van Solms-Lich, gehuwd met Adriana von Hanau, tante van de bruidegom, en Filips graaf van Nassau-Wiesbaden-Idstein, gehuwd met een nicht van de bruidegom. Over Hanau: Ernst J. Zimmermann, *Hanau. Stadt und Land. Kulturgeschichte und Chronik*, Hanau 1903.

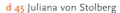

Hofstube in Schloß Steinau, nevenresidentie van de graven van Hanau. Zó zag deze ruimte er in de tijd van Juliana uit. Het slot is te bezoeken [Foto VSG, Verwaltung der Staatlichen Schlösser und Gärten, Hessen].

Hofstube in Schloß Steinau, Nebenresidenz der Grafen von Hanau. So sah dieser Raum zu Julianas Zeit aus. Das Schloß kann besichtigt werden. [Foto VSG, Verwaltung der Staatlichen Schlösser und Gärten, Hessen]

15 Kilometer östlich von Frankfurt am Main. Nicht Julianas Vater Botho, sondern ihr Onkel Eberhard führt zwischen 1519 und 1520 die Eheverhandlungen mit dem Grafen Wilhelm von Nassau, dem Vormund des Bräutigams, der mit den Eppsteins befreundet ist. So lernt Juliana damals bereits ihren zweiten Ehegatten, der 20 Jahre älter ist als sie selbst, näher kennen. Nach langwierigen Verhandlungen wird ein Ehevertrag aufgesetzt, der am 16. Juni 1520 auf Schloß Butzbach unterzeichnet werden kann. Diese feierliche *Eheberedung* wird von sechs Männern unterschrieben und mit ihrem Siegel versehen. Im Namen der vierzehnjährigen Braut unterzeichnen Vater Botho und Onkel Eberhard, der die Verhandlungen geführt hat. Desweiteren zeichnen Bräutigam Philipp und sein Vormund Wilhelm von Nassau sowie zwei Zeugen[20]. In der Urkunde werden die üblichen Angelegenheiten geregelt: die Höhe des Brautschatzes, den Juliana von ihrem Vater bekommt (4000 Gulden), die Zulage des Bräutigams (8000 Gulden), Morgengabe (1000 Gulden), Versorgung für den Fall der Witwenschaft und andere Dinge.
Da Juliana erst vierzehn Jahre alt ist, wird die Ehe vorläufig nicht vollzogen. Das ist nichts Ungewöhnliches, denn Eheschließungen finden damals normalerweise in drei Etappen statt. Den Anfang bildet das Aufsetzen und Unterzeichnen des Vertrags. Dies geschieht frühzeitig um eine günstige Verbindung sicherzustellen. Den nächsten Schritt bildet das

20

Die Zeugen sind: Philipp, Graf von Solms-Lich, verheiratet mit Adriana von Hanau, Tante des Bräutigams und Philipp Graf von Nassau-Wiesbaden-Idstein, verheiratet mit einer Nichte des Bräutigams.
Über Hanau: Ernst J. Zimmermann, *Hanau. Stadt und Land. Kulturgeschichte und Chronik*, Hanau 1903.

ondertekent en zegelt, wordt een zegel voor haar ontworpen. Ze is hierop te zien als een krachtige jonge vrouw, met in haar handen de familiewapens van Hanau enerzijds en Stolberg en Wernigerode anderzijds.

In juni 1523 vindt dan eindelijk de *Heimfahrt* plaats. Deze gaat gepaard met de nodige pracht en praal die past bij de hoge rang van Juliana. De bruidsstoet, bestaande uit de bruid, haar ouders, broers, zusters, familieleden en gevolg, dit alles op tachtig paarden, trekt vanuit het kasteel van oom Eberhard naar de grens van het graafschap Hanau waar de bruidegom zijn bruid opwacht. Juliana draagt een schitterende jurk van goudkleurige stof met karmozijnrood fluweel, die honderd gulden heeft gekost, een bedrag waarvoor men omgerekend naar de huidige geldwaarde een creatie van een beroemde couturier zou kunnen kopen[21]. Na aankomst van de bruidsstoet in de stad Hanau beginnen de feestelijkheden: twee dagen rijkelijk eten (er zijn bijvoorbeeld 4000 kreeften besteld), drinken, dans en spel. Van de drie huwelijksbanketten (een op de vooravond en twee op de feestdag zelf) zijn de spijslijsten voor de 'Herrentisch' (hier zitten de belangrijke gasten) en de 'gemeynen hauffen' (gewone volk) bewaard gebleven (zie p. 52-59). Van heinde en ver zijn de gasten gekomen, in totaal niet minder dan ca 350. Natuurlijk is ook graaf Willem van Nassau van de partij. De voornaamste gasten, onder wie Juliana's directe familieleden, logeren in de mooiste kamers van het kasteel van de bruidegom. De mannen slapen bij de mannen, de vrouwen bij de vrouwen. Voor het grote gevolg, de vele bedienden en de honderden paarden zijn niet alleen de vier herbergen in het stadje Hanau afgehuurd, maar ook ruimtes in burgerhuizen gereserveerd.

Maar dit Hanause huwelijk dat zo groots begint zal geen zes jaar duren. Ook Juliana's man Filips II wordt getroffen door de eerder genoemde 'vloek': in 1529 overlijdt hij onverwachts, pas 27 jaar oud. Juliana is hoogzwanger – twee dagen na de sterfdag krijgt ze haar vijfde kind. Het treurige nieuws bereikt de beide families van Hanau en van Stolberg zeer rap. Omdat het zaak is de toekomst van Juliana en haar minderjarige kinderen zo snel mogelijk te regelen, reizen Juliana's vader Botho, haar oom Eberhard, graaf Willem en nog drie familieleden met gezwinde spoed naar Hanau. Daar wordt besloten dat het momberschap [voogdij] wordt opgedragen aan de weduwe Juliana en drie anderen, waaronder graaf Willem van Nassau. Zij zullen de regeringszaken in Hanau waarnemen tot de overdracht hiervan in 1551 aan Juliana's zoon Filips III.

De tweede echtgenoot: Willem 'de Rijke' graaf van Nassau, Katzenelnbogen (1557), Vianden en Dietz (1487-1559). Voorlopig blijft Juliana dus in Hanau. Hoe zij haar leven als echtgenote en weduwe aldaar heeft ervaren is niet op te maken uit de stukken. In ieder geval heeft ze geregeld contact met Willem van Nassau, die vrijwel tegelijk met haar weduwnaar is

21

Karl Wolf: 'Juliana Gräfin von Nassau-Dillenburg, geb. Gräfin von Stolberg', in: *Nassauische Lebensbilder* [6], Wiesbaden 1961, p. 26-43. Hier: p. 27; Monika Lücke, o.c. p. 66.

Beilager, der offizielle Beischlaf, wobei erwartet wird, daß die Braut Jungfrau ist. Erst am Morgen dieses Beilagers erhält sie ihre *Morgengabe.* Den Höhepunkt des Zeremoniells bildet schließlich die *Heimführung* oder *Heimfahrt,* die Reise der Braut mit ihrer Familie und den Gästen zu ihrem neuen Wohnsitz, an dem dann die eigentlichen ausgedehnten Festlichkeiten stattfinden.

Zwischen den einzelnen Zeitspannen können Monate oder – wie im Fall Julianas – sogar Jahre liegen. Nach der *Eheberedung* wohnt die Gräfin zunächst noch drei Jahre bei ihrem Onkel. In dieser Zeit gibt es zwei Ereignisse, die für Juliana von Belang sind. Im März 1522 wird auf Schloß Siegen Magdalena, die Tochter von Wilhelm von Nassau getauft; Juliana wohnt den mehrere Tage andauernden Feierlichkeiten bei. Wer hätte zu diesem Zeitpunkt ahnen können, daß Wilhelm einmal ihr Mann und der Täufling ihre Stieftochter werden würde? Das zweite wichtige Ereignis vollzieht sich ein Dreivierteljahr später, im Januar 1523: Juliana unterzeichnet zwei Dokumente, mit denen sie auf ihre Erbrechte in Stolberg und Wernigerode und Hanau verzichtet. Da Juliana zum ersten Mal selbst ein Dokument unterzeichnen und versiegeln darf, wird für sie ein eigenes Siegel entworfen. Es zeigt sie als kräftige junge Frau, die die Familienwappen von Hanau einerseits und Stolberg und Wernigerode andererseits in den Händen hält.

Erst im Juni 1523 findet schließlich die *Heimfahrt* statt und zwar, wie es Julianas Stand geziemt, mit viel Pracht und Gepränge. Der Brautzug, bestehend aus der Braut, ihren Brüdern, Schwestern, sonstigen Familienangehörigen und dem Gefolge, zieht auf insgesamt achtzig Pferden vom Schloß ihres Onkels Eberhard zur Grenze der Grafschaft Hanau, wo der Bräutigam auf seine Braut wartet. Juliana trägt ein prächtiges Gewand aus goldfarbenem Stoff mit karmesinrotem Samt, das hundert Gulden gekostet hat; eine Summe, für die man umgerechnet nach heutigen Maßstäben die Kreation eines berühmten Couturiers kaufen kann.[21] Nach der Ankunft des Brautzuges in der Stadt Hanau beginnen dort die Festlichkeiten: zwei Tage reichlich Essen (unter anderem werden 4000 Hummer bestellt), Trinken, Tanzen und Spiel. Von den drei Hochzeitsbanketten (eines am Vorabend und zwei am Hochzeitstag selbst) sind die Speiselisten für den „Herrentisch" (an dem die wichtigsten Gäste sitzen) und für den „gemeynen hauffen" (das normale Volk) erhalten geblieben (siehe S. 52-59). Die Gäste, insgesamt nicht weniger als etwa 350, kommen von Nah und Fern und natürlich ist auch Graf Wilhelm von Nassau dabei. Die vornehmsten Gäste, Darunter auch Julianas direkte Angehörige, übernachten in den besten Zimmern des Schlosses des Bräutigams – die Männer bei den Männern, die Frauen bei den Frauen. Für das große Gefolge, die vielen Dienstboten und die hunderte Pferde hat man nicht nur die vier Herbergen des Städtchens Hanau gemietet, sondern auch Zimmer in Bürgerhäusern.

21

Karl Wolf: „Juliana Gräfin von Nassau-Dillenburg, geb. Gräfin von Stolberg", in: *Nassauische Lebensbilder* [6], Wiesbaden 1961, S. 26-43. Hier: p. 27; Monika Lücke, o.c. S. 66.

Obwohl diese Hanauer Ehe so großartig begonnen hat, dauert sie nicht einmal sechs Jahre: Auch Julianas Mann Philipp II. fällt dem oben genannten „Fluch" zum Opfer: Als er 1529 ganz plötzlich stirbt, ist er erst 27 Jahre alt. Juliana selbst ist zu diesem Zeitpunkt hochschwanger – zwei Tage nach dem Tod ihres ersten Manns bekommt sie ihr fünftes Kind. Die traurige Nachricht wird den beiden Familien von Hanau und von Stolberg sehr schnell überbracht. Da die Zukunft Julianas und ihrer minderjährigen Kinder schnellstmöglich gesichert werden muß, reisen Julianas Vater Botho, ihr Onkel Eberhard, Graf Wilhelm und drei weitere Angehörige in aller Eile nach Hanau. Dort wird beschlossen, daß Juliana zusammen mit drei weiteren Personen, darunter Graf Wilhelm von Nassau, die Vormundschaft und damit die Regierung in Hanau übernehmen soll, bis Julianas Sohn Philipp III. im Jahr 1551 sein Amt als Nachfolger seines Vaters antritt.

Der zweite Ehegatte: Wilhelm der Reiche, Graf von Nassau, Katzenelnbogen (1557), Vianden und Dietz (1487-1559). Juliana bleibt also vorläufig in Hanau. Wie sie ihr Leben als Ehegattin und Witwe dort gestaltet, geht aus Schriftstücken nicht hervor. Wir wissen jedoch, daß sie regelmäßig Kontakt zu Wilhelm von Nassau pflegt, der fast zur gleichen Zeit Witwer geworden ist[22]. Dennoch ist es erstaunlich, daß die beiden beschließen zu heiraten. Wilhelm ist nicht nur fast zwanzig Jahre älter als Juliana, sein ehrgeiziger

(links)
Eheberedung september 1531, ondertekend en gezegeld door Juliana van Stolberg, Willem van Nassau en vier getuigen. Aan dit exemplaar van de bruid zijn alleen nog de zegels van Juliana en Johann zu Wied, zwager van de bruidegom, bewaard [LHASA, MD, Rep. H Stolberg-Wernigerode, H.A. B 12 Fach 13, Nr. 9c]. Aan het exemplaar van Willem van Nassau zijn alle 6 zegels bewaard gebleven [KHA, Oude Dillenburgse linie, A 2 671].

Eheberedung September 1531, unterzeichnet und versiegelt von Juliana von Stolberg, Wilhelm von Nassau und vier Zeugen. An diesem Exemplar (dem der Braut) sind nur die Siegel von Juliana und Johann zu Wied, Schwager des Bräutigams erhalten geblieben [LHASA, MD, Rep. H Stolberg-Wernigerode, H.A. B 12 Fach 13, Nr. 9c]. Am Exemplar von Wilhelm von Nassau sind noch alle sechs Siegel erhalten [KHA, Alte Dillenburger Linie, A 2 671]

Zegel van Juliana vervaardigd voor haar Verklaringen van Afstand van haar erfrechten in 1523. Het opschrift luidt: 's Iuliana geb-or g z Stolnbeck frau z-haau' (= 'sigillum Juliana geborene Gräfin zu Stolberg Frau zu Hanau'). Links het wapen van Hanau, rechts het wapen van Stolberg. Het hier afgebeelde exemplaar wordt door Juliana gebruikt bij haar huwelijk met Willem van Nassau [LHASA, MD, Rep. H Stolberg-Wernigerode, H.A. B 12 Fach 13 Nr. 9c]

Julianas Siegel, hergestellt für die Urkunde, mit der sie 1523 auf ihre Erbansprüche verzichtet. Die Inschrift lautet: 's Iuliana geb-or g z Stolnbeck frau z-haau' (= 'sigillum Juliana geborene Gräfin zu Stolberg Frau zu Hanau'). Links das Wappen von Hanau, rechts das Wappen von Stolberg. Das hier abgebildete Exemplar benutzt Juliana bei ihrer Heirat mit Wilhelm von Nassau [LHASA, MD, Rep. H Stolberg-Wernigerode, H.A. B 12 Fach 13 Nr. 9c]

geworden[22]. Toch is het enigszins verwonderlijk dat deze twee besluiten met elkaar te trouwen. Niet alleen is Willem bijna twintig jaar ouder dan Juliana, hij kan, zeker volgens zijn eerzuchtige broer Hendrik III van Nassau, wel aantrekkelijkere vrouwen krijgen dan de niet echt rijke weduwe van Hanau. Hendrik, die zelf zeer gunstige huwelijken heeft gesloten, noemt in een brief in oktober 1529 aan zijn broer Willem drie mogelijke rijke, roomse en voorname bruiden, die 'nicht übel' en 'gefällig' lijken te zijn. Maar pas op!, waarschuwt Hendrik: vermijd twee geloven in één huis, dat gaat fout. Verder spoort hij Willem aan zich goed te informeren, want één van de drie schijnt gebocheld te zijn. In dat geval moet hij ervan afzien, want het lijkt hem niet verstandig om vanwege het geld een 'gebrechliche person' te huwen[23].

Maar Willem kiest voor Juliana. Dit keer volgen Eheberedung, Beilager en Heimführung elkaar snel op. Op 20 september 1531 wordt het huwelijkscontract op het kasteel Königstein (Taunus) van oom Eberhard ondertekend, na kerkelijke bezegeling vindt diezelfde nacht de bijslaap daar plaats ('nachdem wir itzo mit der wohlgepornen Frawen Julianen geporn grefin zu Stolberg und Wernigerode, unser freuntlichen gemahelin ehelich beygeschlaffen') en op 6 oktober wordt de bruidsstoet op Willems kasteel te Siegen met passend ceremonieel onthaald[24]. De volgende dagen wordt daar flink feest gevierd. Ook de stad Siegen laat zich van haar beste kant zien en schenkt het jonge paar een vergulde bokaal met deksel waarin 50 goudgulden liggen. Bovendien biedt de burgemeester een feestmaal aan voor alle gasten in het stadhuis. In totaal draagt de stad, die ook zorgt dat er rijkelijk wijn wordt geschonken, honderd gulden bij aan de Heimführung, een teken dat de band met hun landsheer hartelijk is.

22

Willem van Nassau was in 1506, geboortejaar van Juliana, gehuwd met Walburgis van Egmond, 1489-1529.

23

Brief Hendrik aan Willem van Nassau 14 oktober 1529, in: O. Meinardus, *Die Katzenelnbogische Erbfolgestreit*, Wiesbaden 1899-1902, I p. 266.

24

Friedhelm Menk: 'Zur Hochzeit der Eltern Wilhelms des Schweigers 1531', in: *Siegerland. Blätter des Siegeränder Heimatvereins E.V.* [57] 1980, p. 132-134; *Morgengabe Verschreibung* in Koninklijk Huisarchief Den Haag [KHA], Oude Dillenburgse linie, A 2 672.

Bruder Heinrich III. von Nassau ist der Meinung, Wilhelm könne viel ansehnlichere Frauen bekommen als die nicht besonders reiche Hanauer Witwe. Heinrich, der selbst sehr vorteilhafte Ehen geschlossen hat, beschreibt seinem Bruder Wilhelm in einem Brief aus dem Oktober 1529 drei in Frage kommende, vornehme, katholische Bräute, die „nicht übel" und „gefällig" seien. „Aber sei auf der Hut!", warnt Heinrich: „Zwei unterschiedliche Religionen in einem Haus, das kann nicht gut gehen". Außerdem rät er Wilhelm, Erkundigungen einzuziehen, da eine der drei Damen einen Buckel zu haben scheine. Wenn dem so sei, solle der Bruder von einer Eheschließung absehen, da es nicht vernünftig sei, des Geldes wegen „eine gebrechliche Person" zu heiraten[23].

Wilhelm aber entscheidet sich für Juliana. Dieses Mal liegen Eheberedung, Beilager und Heimführung zeitlich nah beieinander: Am 20. September 1531 unterzeichnet Julianas Onkel Eberhard auf Schloß Königstein (Taunus) den Ehevertrag und nachdem das kirchliche Siegel erteilt worden ist, findet das Beilager noch in der gleichen Nacht dort statt („nachdem wir itzo mit der wohlgepornen Frawen Julianen geporn grefin zu Stolberg und Wernigerode, unser freuntlichen gemahelin ehelich beygeschlaffen"). Am 6. Oktober wird der Brautzug auf Wilhelms Schloß in Siegen mit dem gebührenden Zeremoniell empfangen[24]. In den darauf folgenden Tagen findet dort ein großes Fest statt. Auch die Stadt Siegen zeigt sich großzügig und schenkt dem jungen Paar einen vergoldeten Pokal mit Deckel und 50 Goldgulden. Außerdem lädt der Bürgermeister alle Gäste zu einem Festmahl im Rathaus ein. Insgesamt trägt die Stadt, die auch dafür sorgt, daß bei der Heimführung der Wein reichlich fließt, zum Zeichen dafür, daß die Bande mit dem Landesherren innig sind, 100 Gulden bei.

22

Wilhelm von Nassau hat 1506, dem Jahr, in dem Juliana geboren wurde, Walburgis von Egmond (1489-1529) geheiratet.

23

Brief von Heinrich an Wilhelm von Nassau, 14. Oktober 1529, in: O. Meinardus, *Der Katzenelnbogische Erbfolgestreit*, Wiesbaden 1899-1902, I S. 266.

24

Friedhelm Menk: „Zur Hochzeit der Eltern Wilhelms des Schweigers 1531" in: *Siegerland. Blätter des Siegerländer Heimatvereins E.V.* [57] 1980, S. 132-134; *Morgengabe Verschreibung* in Koninklijk Huisarchief Den Haag [nachfolgend KHA], Alte Dillenburger Linie, A 2 672.

Het huwelijksfeest in Hanau – Menu 9 juni 1523

Die Hochzeit zu Hanau – Speisezettel 9 Juni 1523

Mittwochn zu Morgen uff der Herren Disch

Der erst Gang

Pfahen zcum Furgebrattens
Blohe Hecht mit rettigh
Reiß mit Confect
Sollperfleysch
Schmandfladen

Der zweyt Gang

Soltzen
Pfeffer mit Schwynewiltpret
Huner mit Mandeln weiß vnd brawn
gesotten Forellen
Bastegen von Rintfleisch

Der dritt Gang

Rintfleysch
Ael jn Gallatin
Engelstartten
Gebratten Fisch
Enten mit eyner brawnen Bruehe
Eyn gelben Komelen

Der virde gang

Gebrattens mit Capre
Gallatin uber Fleysch
Pastegen mit Kapawnen
Strawbn
Krebs

Uff Mittwochn zu Morgen fur den gemeynen Hawffen

Eyn furgebrattens von Rehekewln – Gesprengt Rintfleisch – Reiss – Pastegen – Gesotten Fisch
Der ander Gang *Swltzen – Schwartzer Pfeffer – Kalt Pastegen – Hüner mit Mandeln*
Der dritt Gang *Gebrattens mit Salßen – Gallatin über Fleysch – Eyn Gebackens – Krebs*

Uta Löwenstein: “Ein wissen Swan mit eym gulden Snabel zu eym Schawessen”, Festessen am hanauischen Hof im 15. und 16. Jahrhundert”, in: Hanauer Geschichtsblätter, Bd. 31 (1993), S. 35-90; Jacobs, Juliana S. 404-407 [acobs' Wiedergabe des Speisezettels ist nicht ganz korrekt]; Hessisches Staatsarchiv Marburg 81 Reg. Hanau 27, Nr. 3.

De huwelijksbanketten van Juliana van Stolberg & Filips II van Hanau 8-9 juni 1523

(drs Marleen Willebrands, culinair historica)

Een feestelijke maaltijd in de tijd van Juliana van Stolberg bestaat uit drie tot vier gangen. Bij elk van deze gangen worden de spijzen naar grootte gerangschikt en symmetrisch op tafel gezet, zodat er een prachtig patroon op tafel ontstaat. Bij één gang worden dus verschillende gerechten tegelijk op tafel gezet. Zoete en hartige gerechten staan door elkaar. Het grootste gerecht is het pièce de resistance. Dat kan een mooi stuk vlees, vis of wildbraad zijn, of een fraai versierde pastei. Bekend zijn de gerechten met pauw. De pauw kan in een pastei worden gebakken of hij wordt geserveerd alsof hij nog levend is. De huid wordt dan eerst voorzichtig gestroopt zodat die mooi intact blijft, het vlees wordt geroosterd, waarna de pauw weer wordt aangekleed, om opgedirkt, met een vergulde snavel, vuurspuwend op tafel te komen. Ten slotte zij opgemerkt dat de smaak van middeleeuwse gerechten te typeren is als zoetzuur en pittig gekruid.

Het banket

Op beide feestdagen wordt een uitgebreid banket aangericht. De eerste dag worden de gasten onder meer getrakteerd op haas, patrijs, kip, wildbraad van ree, speenvarken, rundvlees, snoek en karper, alles voorzien van bijpassende sauzen. Daarnaast komen er pasteien en ander gebak op tafel plus een groene salade.
Op de tweede dag wordt maar liefst twee maal een banket geserveerd, het eerste rond het middaguur en het tweede 's avonds. Het eerste banket opent met een gang bestaande uit pauw, snoek, zoete romige rijst, vlees in gelei en roomvladen (soort flans). De tweede gang bestaat uit vis in een heldere zoetzure gelei ('Sultz'), wildzwijn met pepersaus, kip met amandelsaus in twee kleuren, forel en runderpastei. De derde gang bevat schotels met rundvlees, paling in galentijn (soort gelei), Engelse kaaspasteitjes, vis van het spit, eend met een bruine saus, en een zoetzure komijnsaus 'kimmeneyde' met saffraan. De vierde gang tot slot voorziet de gasten van een stuk gebraden vlees met kappers, vlees in galentijn, kapoenpastei (kapoen = gesneden haan; het sappige, vette vlees van gecastreerde dieren zoals kapoen, os, hamel, is in die tijd erg geliefd), kreeft en struiven ('Strawbenn').
Het slotbanket laat wederom een overdaad aan gerechten zien: wildbraad van ree, kip met rapen, verse zalm, karper, speenvarken, schapenvlees, vlees of vis in gelei, kersengebak, pasteien, vis in amandelsaus, en kreeft.

Afbeelding vorige bladzijde
Keuken in een voornaam huis, 16de eeuw. Te zien zijn allerlei keukengereedschappen alsook de veelheid van vruchten en dieren voor een feestelijke dis [Ludger tom Ring, in oorlog verloren gegaan].

Abbildung vorige Seite
Herrschaftliche Küche im 16. Jh. Man sieht Gerätschaften der Küche sowie die Vielfalt der Früchte und Tiere für ein festliches Mahl. [Ludger tom Ring, Kriegsverlust]

Hochzeitsbankette von Juliana von Stolberg & Philipp II. von Hanau 8. und 9. Juni 1523 (drs Marleen Willebrands)

Zu Lebzeiten von Juliana von Stolberg besteht eine festliche Mahlzeit aus drei bis vier Gängen. Bei jedem dieser Gänge werden die Speisen in der Reihenfolge der Größe aufgetragen und symmetrisch auf dem Tisch ausgestellt, so daß ein beeindruckendes Muster entsteht. Bei ein und demselben Gang stehen verschiedene Gerichte, Süßspeisen und Herzhaftes, zusammen auf der Festtafel. Das größte Gericht ist das Pièce de résistance. Es kann ein gutes Stück Fleisch, Fisch oder Wildbret sein oder eine aufwendig verzierte Pastete. Beliebt sind auch Gerichte mit Pfau, wobei der Vogel in eine Pastete eingebacken oder möglichst lebensecht serviert wird. In diesem Fall wird bei der Zubereitung zunächst vorsichtig die Haut abgezogen, so daß der Pfau intakt bleibt. Dann wird das Fleisch geschmort und schließlich wird der Pfau im Ganzen verziert und mit vergoldetem Schnabel feuerspeiend aufgetragen. Mittelalterliche Gerichte schmecken süßsauer und sind scharf gewürzt.

Das Bankett

An beiden Festtagen tischt man ein großes Bankett auf. Am ersten Tag bekommen die Gäste unter anderem Hasen, Rebhuhn, Hühnchen, Hirschgebratenes, Spanferkel, Rindfleisch, Hecht und Karpfen, jeweils mit dazu passenden Soßen. Außerdem serviert man Pasteten und anderes Gebäck und grünen Salat.
Am zweiten Tag wird sogar zweimal ein Bankett serviert: das erste gegen Mittag, das zweite am Abend. Der erste Gang des ersten Banketts besteht aus Pfau, Hecht, süßem Rahmreis, Fleisch in Gelee und Rahmfladen. Der zweite Gang aus Fisch in einer hellen süßsauren Sultz, Wildschwein mit Pfeffersoße, Hähnchen mit Mandelsoße in zwei Farben, Forelle und Rinderpastete. Der dritte Gang besteht aus Platten mit Rindfleisch, Aal in Aspik, englischen Käsepastetchen, Fisch am Spieß, Ente mit brauner Soße und einer süßsauren Kümmelsoße ('kimmeneyde') mit Safran. Zum Schluss bekommen die Gäste den vierten Gang mit einem Stück Bratfleisch mit Kapern, Fleisch in Aspik, Kapaunpastete (das saftige fette Fleisch kastrierter Tiere wie Kapaun [Masthahn], Ochse und Hammel ist zu jener Zeit sehr beliebt) und Hummer mit Strauben („Strawbenn" – eine Art Omelette).
Beim abschließenden Bankett gibt es wiederum eine Vielzahl von Gerichten: Hirschgebratenes, Hähnchen mit Rüben, frischen Lachs, Karpfen, Spanferkel, Fleisch oder Fisch in Gelee, Kirschengebäck, Pasteten, Fisch in Mandelsoße und Hummer.

Küchenmeisterey, Nürnberg 1485

Recept Strauben / Struif (Küchenmeisterey)

Op het huwelijk van Juliana van Stolberg met de graaf van Hanau in 1523 staan *Strauben (Strübli)* oftewel 'struiven' op het menu voor de 'hoge heren'. Een struif is een eiergerecht dat het midden houdt tussen een pannenkoek en een omelet, dun en meestal plat. Een dun vloeibaar beslag van geklopt ei, melk en bloem wordt door een trechter gegoten, met draaiende bewegingen, zodat dit dun kan uitvloeien in een pan met heet vet. Tot slot gaat er suiker over het gebak.
Strauben zijn nog steeds een specialiteit in Zuid-Duitsland, Oostenrijk en Zuid-Tirol. Er bestaan verschillende regionale variaties op het basisrecept. Onderstaand recept is afkomstig uit het eerste gedrukte Duitse kookboek, *Küchenmeisterey* (Neurenberg 1485), dat vele malen werd herdrukt tot ver in de zeventiende eeuw.

¶ Wer gutte ſtreüblein bachē wil der nem ein hantuoll peterlings den ſtoß mit waſſer vnnd ein weiß broſem brotz treiß es durch ein tuch. Nym ayer vñ mel. mach ein guttes ſtraubē teiglein verſaltz es nit nym den durch geſchlagē peterling vnd zettel in. in die pfannen nit zu dick vnnd das die pfan nit zu eng ſey.

Transcriptie (Küchenmeisterey, 1485)
Wer gutte streublein bachen wil, der nem ein hantvol peterlings den stos mit wasser vnnd met weiss brosem brotz treib es durch ein tuch. Nym ayer vnd mel. Mach ein guttes strauben teiglein, versaltz es nit; nym den durch geschlagen peterling vnd zettel in in die pfannen nit zu dick vnnd das die pfan nit zu eng sey.

Nederlandse vertaling

Neem voor de struiven eerst gehakte peterselie die met wat water en kruim van witbrood door een zeef is gedrukt. Maak dan het beslag van eieren, meel en snuifje zout. Strooi een dun laagje van het brood-peterseliemengsel in een pan met heet vet en giet het beslag daaroverheen in de pan[1].

Ingrediënten voor 4 personen
250 g bloem
0,2 l melk
4 eieren
snufje zout
1 bosje gehakte peterselie (facultatief)
60 g gesmolten boter
olie om te bakken
poedersuiker

Bereiding
Zeef de bloem en klop er de melk, eieren, zout, gehakte peterselie en de gesmolten boter doorheen. Giet daarna een deel van het beslag met draaiende bewegingen door een trechter in een royale koekenpan met hete olie. De buitenste cirkel moet een doorsnede hebben van 12 tot 14 cm. Bak de struiven aan beide kanten goudgeel, laat ze uitlekken op keukenpapier en bestrooi ze met poedersuiker.

1
Hans Wiswe, *Kulturgeschichte der Kochkunst. Kochbücher und Rezepte aus zwei Jahrtausenden mit einem lexikalischen Anhang zur Fachsprache von Eva Hepp*. München 1970, p. 218-219.
Recept van Streublein, in: *Küchenmeisterey*, Neurenberg 1485.

Rezept Strauben (Küchenmeisterey)

Bei der Hochzeit von Juliana von Stolberg und dem Grafen von Hanau im Jahr 1523 stehen *Strauben (Strübli)* oder „Eierkuchen" auf der Speisekarte für die „hohen Herren". Strauben sind eine Mischung aus Pfannkuchen und Omelett und werden aus einem dünnflüssigen Teig aus verrührten Eiern, Milch und Mehl zubereitet, der durch einen Trichter mit spiralförmigen Bewegungen dünn in eine Pfanne mit Fett eingelassen und ausgebacken wird. Zum Schluss werden die Strauben mit Zucker bestreut. *Strauben* gelten in Deutschland, Österreich und Südtirol auch heute noch als Spezialität. Neben dem Basisrezept gibt es verschiedene regionale Varianten.
Das folgende Rezept stammt aus dem ersten gedruckten deutschen Kochbuch, *Küchenmeisterey* (Nürnberg 1485), das bis weit ins 17. Jahrhundert immer wieder neu aufgelegt wird.

¶ Wer gutte ſtreüblein bachē wil der nem ein hantuoll peterlings den ſtoß mit waſſer vnnd ein weiß broſem brotz treib es durch ein tuch. Nym ayer vñ mel. mach ein guttes ſtraubē teiglein verſaltz es nit nym den durch geſchlagē pe terling vnd zettel in. in die pfannen nit zu dick vnnd das die pfan nit zu eng ſey.

Transkription (Küchenmeisterey, 1485)
Wer gutte streublein bachen wil, der nem ein hantvol peterlings den stos mit wasser vnnd met weiss brosem brotz treib es durch ein tuch. Nym ayer vnd mel. Mach ein guttes strauben teiglein, versaltz es nit; nym den durch geschlagen peterling vnd zettel in die pfannen nit zu dick vnnd das die pfan nit zu eng sey.

Moderne deutsche Übersetzung

Zu Strauben nimmt man zuerst gehackte Petersilie, die mit etwas Wasser und Weißbrot durch ein Tuch passiert wird. Dann bereitet man den Straubenteig aus Eiern und Mehl und einer Prise Salz. Man streut die gehackte Petersilie in die Pfanne und backt die Strauben in einer nicht zu kleinen Pfanne[1].

Zutaten für 4 Personen
250 g Mehl
0,2 l Milch
4 Eier
1 Prise Salz
1 Bund gehackte Petersilie (nach Geschmack)
60 g zerlassene Butter
Öl zum Backen
Puderzucker

Zubereitung
Unter das gesiebte Mehl rührt man Milch, Salz, Eier, gehackte Petersilie und zuletzt die zerlassene Butter. Man gibt einen Teil des Teiges in einen Trichter und läßt ihn spiralförmig in heißes Fett eintröpfeln. Der äußere Kreis sollte einen Durchmesser von ungefähr 12-14 cm haben. Man backt die Strauben auf beiden Seiten goldgelb, läßt sie auf Küchenpapier austropfen und serviert sie mit Puderzucker bestreut.

1 Hans Wiswe, *Kulturgeschichte der Kochkunst. Kochbücher und Rezepte aus zwei Jahrtausenden mit einem lexikalischen Anhang zur Fachsprache von Eva Hepp.* München 1970, S. 218-219. Rezept für Strauben, in: *Küchenmeisterey*, Nürnberg, 1485.

Recept Engelstartten / Engelse taart (16de eeuw)

Een recept van een Engelse taart is te vinden in een laatmiddeleeuws Zuid-Nederlands handschrift uit Gent[2]. Het zijn kleine kaaspasteitjes:

(Transcriptie)

Om Ingelsche taerten te maken

Zo neempt tot elcker taerten een luttel goede keese en breect dat wel cleyne met een luttel rooswaters en met twee doren van eyeren, een luttel blomme, mijnget dat onder een ende maect een scheel van fijnen deeghe ende drayt die canten ronsomme ende stect den scheel met een spelle en voltse niet dicke maer van passe en steectse soetkins in den oven; als zij wat gebacken is, dan trectse uuyt ende neempt versche botere gesmolten, doeter die up ende een goet deel suyckers en rooswaters ende steectse weder inden oven, laetse backen van passe, doeter dan noch suycker op, boter en rooswater.

(Modern-Nederlandse vertaling)

Recept om Engelse kaastaartjes te maken

Neem voor iedere taart een beetje goede kaas en wrijf dat fijn met wat rozenwater, bloem en twee eidooiers. Meng dit door elkaar. Maak een plak korstdeeg en draai de rand rondom omhoog en steek die vast met een prikker. Vul ze niet zwaar, maar juist genoeg, en zet ze voorzichtig in de oven. Als ze even gebakken zijn, haal ze er dan uit. Strijk dan een mengsel van verse gesmolten boter, suiker en rozenwater eroverheen, en laat ze lang genoeg bakken. Bestrijk de taartjes tegen het einde van de baktijd nogmaals met boter, suiker en rozenwater.

Ingrediënten (4 personen)

600 g kant-en-klaar korstdeeg (twee delen bloem, één deel boter, ei en koud water)
200 gram geraspte Parmezaanse kaas
4 eieren
4 eidooiers
peper
50 g gesmolten boter
ca. 1 el rozenwater (Oosterse winkel)
ca. 4 el poedersuiker

Bereiding

Rol het korstdeeg uit en steek vier cirkels uit van 20 cm doorsnee. Verwarm de oven voor op 200° C. Klop de eieren met de dooiers los en roer de geraspte kaas erdoorheen. Maak op smaak met peper. Leg de vier deegplakken op licht ingevet bakpapier. Maak de binnenrand van de deegcirkels nat met eiwit of water. Bedek iedere plak met een hoopje kaas-eivulling. Duw de rand omhoog en sluit het pasteitje door de randen op elkaar te drukken en vast te steken met een cocktailprikker. Zo ontstaat een buideltje.
Bak de pasteitjes 15 minuten. Haal ze dan uit de oven. Bestrijk ze met een mengsel van gesmolten boter, rozenwater en poedersuiker. Houd een deel van het mengsel apart. Zet de pasteitjes terug in de oven. Verlaag de temperatuur tot 190° C en bak ze nog eens 10 minuten. Haal ze dan weer uit de oven en bestrijk ze nog eens met het mengsel boter, suiker en rozenwater. Zet de pasteitjes tot slot nog eens 5 minuten in de oven. Warm serveren.

2 R. Jansen-Sieben en J.M. van Winter (red.), *De keuken van de late middeleeuwen. Een kookboek uit de 16de eeuw*, Amsterdam 1998, tweede herziene druk, p. 109.

Rezept Englische Torte (16. Jahrhundert)

In einer süd-niederländischen Handschrift aus Gent aus dem späten Mittelalter findet sich ein Rezept für englische Torte (Käsepastetchen)[2]:

Rezept um englische Käsepastetchen zu machen

Man nehme für jedes Pastetchen ein wenig guten Käse und reibe ihn mit etwas Rosenwasser, Mehl und zwei Eigelb fein. Masse gut mischen. Eine Scheibe Blätterteig kneten, den Rand hochdrücken und mit einem Stocher feststecken. Pastetchen nicht zu schwer, sondern genau richtig füllen und vorsichtig in den Ofen geben. Nach kurzer Backzeit aus dem Ofen herausholen und mit einer Mischung aus frisch zergangener Butter, Zucker und Rosenwasser besprenkeln. Dann fertig backen. Zum Ende der Backzeit Pasteten nochmals mit Butter, Zucker und Rosenwasser besprenkeln.

Zutaten (4 Personen)

600 g fertiger Blätterteig (aus zwei Teilen Mehl, je einem Teil Butter, Ei und kaltem Wasser)
200 g geriebener Parmesan
4 Eier
4 Eigelb
Pfeffer
50 g zerlassene Butter
ca. 1 EL Rosenwasser
ca. 4 EL Puderzucker

Zubereitung

Blätterteig ausrollen und 4 Kringel von 20 cm Durchschnitt formen. Ofen auf 200° C vorwärmen. Eier und Eigelb verrühren, den geriebenen Käse dazu geben und mit Pfeffer abschmecken. Die vier Teigkringel auf leicht eingefettetes Backpapier legen und den Innenrand mit Eiweiß oder Wasser anfeuchten. Auf jeden Kringel ein Häufchen Käse-Eifüllung geben, den Rand umklappen, die Ränder der Pastete zusammendrücken und mit einem Stocher fixieren, so daß ein kleiner Beutel entsteht.
Pasteten 15 Minuten backen und dann aus dem Backofen holen. Zerlassene Butter, Rosenwasser und Puderzucker verrühren und Pasteten damit bestreichen. Einen Teil zurückbehalten. Pasteten wieder in den Backofen schieben und bei 190° C weitere 10 Minuten backen. Anschließend das Gebäck wieder aus dem Backofen holen, mit dem Rest der Mischung aus Butter, Zucker und Rosenwasser bestreichen und die Pasteten weitere 10 Minuten in den Backofen schieben. Warm servieren.

2

R. Jansen-Sieben und J.M. van Winter (Hrsg.), *De keuken van de late middeleeuwen. Een kookboek uit de 16de eeuw*, Amsterdam 1998, zweiter neubearbeiteter Druck, S. 109.

6. Geloofskwesties

Het geloof speelt een bijzonder belangrijke rol in het leven van Juliana van Stolberg. Ze leeft immers in de overgang van de Middeleeuwen naar de Nieuwe Tijd, waarin Maarten Luther (1483-1546) een sleutelfiguur is. Geboren en gedoopt als rooms-katholiek gaat Juliana eerst over tot het lutheranisme om ten slotte het calvinisme te omhelzen.
Haar jeugd (zie hoofdstuk 4) staat aanvankelijk in het teken van de bonte veelheid van feesten en gebruiken van de katholieke Kerk. Maar weldra komt zij in contact met de Lutherse ideeën, mede omdat haar vader Botho in 1512 de uit Stolberg afkomstige Dr Tileman Platner benoemt tot hofkapelaan en huisonderwijzer. Hij heeft aan de universiteit in het nabijgelegen Wittenberg gestudeerd en is een bekende van Luther. Deze, sinds 1512 hoogleraar in de theologie in Wittenberg, poneert in 1517 zijn beroemde 95 stellingen die hij bij een brief aan zijn superieuren voegt. Hierin verzet hij zich tegen de handel in aflaten,

Luther voor keizer Karel V, Rijksdag te Worms 1521. Houtsnede 16de eeuw, Augsburg.

Luther vor Kaiser Karl V., Reichstag zu Worms 1521 Holzschnitt 16 Jh., Augsburg.

6. Glaubensfragen

Der Glaube spielt im Leben der Juliana von Stolberg eine außerordentlich wichtige Rolle. Sie lebt zur Zeit des Übergangs vom Mittelalter in die Neuzeit, in der Martin Luther (1483-1546) eine Schlüsselrolle spielt. Katholisch geboren und getauft, konvertierte Juliana zunächst zum Lutheranismus und schließlich zum Kalvinismus.

Ihre Jugend (siehe Kapitel 4) steht ganz im Zeichen der Vielfalt der Feste und Gebräuche der katholischen Kirche. Erst allmählich kommt sie in Kontakt mit Luthers Ideen, unter anderem dadurch, daß ihr Vater Botho im Jahre 1512 den aus Stolberg stammenden Dr. Tileman Platner zum Hofkaplan und Hauslehrer ernennt. Tileman Platner hat an der Universität im nahe gelegenen Wittenberg studiert und kennt Luther, der dort seit 1512 Universitätsprofessor der Theologie ist und im Jahr 1517 seine berühmten 95 Thesen aufstellt, die er einem Brief an seine Vorgesetzen beifügt. In seinen Thesen verurteilt Luther den Ablaßhandel der katholischen Kirche und ruft dazu auf, diesen Mißständen ein Ende zu bereiten. Seine Thesen – die er übrigens nicht, so wie die Legende es will, an die Tür der Wittenberger Schloßkirche nagelt – lösen eine heftige Diskussion aus.

'De Roomse hengelaar'. Spotprent op de Paus (links) en de aflaathandel. De Paus reikt Luther en enige geestelijken met een hengel pauselijke bullen aan. [Houtsnede ca. 1550]

„De Roomse hengelaar" [„der katholische Angler"]'. Karikatur über den Papst (links) und den Ablasshandel. Der Papst reicht Luther und einigen Geistlichen mit einer Angel päpstliche Bullen. [Holzschnitt ca. 1550]

Luthers Thesen werden gedruckt und verbreiten sich schnell. Es gibt zahlreiche Reaktionen, von begeistertem Beifall bis zu vollständiger Ablehnung. Wie man den Aufzeichnungen ihrer Ausgaben entnehmen kann, sympathisiert die Familie von Stolberg mit Luthers Ideen: In jenen Jahren werden weniger Rosenkränzen und Ablassbriefen gekauft; stattdessen werden Bibeln und Schulbücher angeschafft. Julianas Vater Botho kann seiner Anerkennung für Luther jedoch nicht allzu öffentlich Ausdruck verleihen, da er die Haltung der mächtigen Landesherren, z.B. die der katholisch gebliebenen Nachbarn, des Herzogs von Braunschweig und des Herzogs von Sachsen, berücksichtigen muß.

Nachdem der Papst einen Bann über Luther verhängt und ihn damit sämtlicher Rechte beraubt hat, wird der Reformator von Kaiser Karl V. aufgefordert, beim Reichstag in Worms zu erscheinen. Der Reichstag ist eine Versammlung jener Fürsten und hochge-

waarmee de rooms-katholieke Kerk zich bezig houdt en spoort hij aan om de misstanden uit de weg te ruimen. Zijn stellingen – die hij overigens niet, zoals de legende wil, aan de kerkdeur van Wittenberg spijkert – zijn bedoeld als uitgangspunt voor een gesprek over dit thema.
Weldra raken Luthers ideeën wijdverbreid via gedrukte exemplaren van zijn stellingen, hetgeen leidt tot talloze reacties van stormachtige bijval enerzijds tot volledige afwijzing anderzijds. De familie van Stolberg staat zeker sympathiek tegenover Luthers ideeën, zoals blijkt uit hun uitgavenpatroon. De aankoop van rozenkransen en aflaatbrieven neemt deze jaren af; in plaats hiervan worden bijbels en schoolboeken aangeschaft. Vader Botho kan zijn waardering voor Luther echter niet te openlijk tonen, want hij moet rekening houden met machtige landsheren, zoals de katholiek gebleven buurman, de hertog van Brunswijk, en de hertog van Saksen.
Nadat de paus Luther in de 'grote ban' heeft gedaan (waardoor deze alle rechten verliest), wordt de reformator door keizer Karel V verzocht naar de Rijksdag in Worms te komen. Zo'n Rijksdag is de vergadering van vorsten en notabelen, die de keizer bijstaan in het bestuur van zijn rijk. Tal van heren uit het 'netwerk' van Juliana van Stolberg bezoeken in 1521 deze beroemde Rijksdag, zoals haar vader Botho, haar oom Eberhard, Filips III van Hanau-Lichtenberg (verwant van haar eerste echtgenoot), de gebroeders Hendrik III en Willem van Nassau, haar tweede echtgenoot, diens verwant Bernhard van Solms-Braunfels, en Reinhard van Leiningen-Westerburg, schoonvader van haar zusje Maria[25]. Ja, zelfs de Hertog van Alva, vele jaren later de grote tegenstrever van haar zoon Willem van Oranje, woont als veertienjarige page de Rijksdag bij.
De bedoeling is dat Luther in Worms zijn leer herroept – maar dat doet hij niet. 'Hier sta ik – ik kan niet anders' zou hij gezegd hebben. Ofschoon deze uitspraak eveneens een legende is, geven ze Luthers geestesgesteldheid weer. De ontmoeting met Luther maakt op velen een grote indruk. Zo voert Filips van Hanau-Lichtenberg na terugkeer uit Worms in zijn graafschap de hervormingsgezinde leer in. Juliana's echtgenoot gaat niet zover. Wel laat hij in Hanau de aanhangers van beide overtuigingen vreedzaam naast elkaar leven; beurtelings houden zij in dezelfde stadskerk hun godsdienstoefeningen.

In Stolberg lopen de zaken echter uit de hand. Thomas Müntzer, een in Stolberg geboren priester en aanhanger van Luther, werpt zich in 1525 op als aanvoerder van een boerenbeweging in Midden-Duitsland. Onder zijn leiding eisen de boeren, die zich op Luther beroepen, betere (economische) verhoudingen, ook door het omverwerpen van de overheden. Juliana's familie wordt bedreigd – de opstandelingen nemen zelfs haar oudste broer Wolfgang gevangen. Vader Botho voelt zich in zijn in allerijl versterkte slot te Stolberg

25
Zie: Fritz Reuter (red.): *Der Reichstag zu Worms von 1521. Reichspolitik und Luthersache*, Worms 1971.

stellten Persönlichkeiten, die den Kaiser bei der Verwaltung seines Reichs unterstützen. Viele Männer aus dem Umfeld von Juliana von Stolberg besuchen 1521 den Reichstag zu Worms. Unter ihnen ihr Vater Botho, ihr Onkel Eberhard, Philipp III. von Hanau-Lichtenberg (ein Verwandter ihres ersten Ehegatten), die Gebrüder Heinrich III. und Wilhelm von Nassau (ihr späterer zweiter Ehemann), dessen Verwandter Bernhard von Solms-Braunfels und Reinhard von Leiningen-Westerburg, der Schwiegervater ihrer Schwester Maria[25]. Auch der Herzog von Alba, der viele Jahre später der große Gegenspieler ihres Sohnes Wilhelm von Oranien werden wird, nimmt als vierzehnjähriger Page am Reichstag teil.
In Worms verlangt man von Luther, seine Lehre zu widerrufen – aber er weigert sich. „Hier stehe ich – ich kann nicht anders" soll er ausgerufen haben. Obwohl auch dieses Zitat eine Legende ist, illustriert es Luthers Haltung treffend. Sein Auftreten macht auf viele Teilnehmer des Reichstags großen Eindruck. So führt Philipp von Hanau-Lichtenberg nach der Rückkehr aus Worms in seiner Grafschaft Luthers Reform ein. Julianas Ehegatte geht zwar nicht ganz so weit. Aber er gewährt in Hanau Religionsfreiheit und läßt die Anhänger beider Konfessionen, die nun abwechselnd in der gleichen Stadtkirche ihre Gottesdienste halten, friedlich nebeneinander leben.

In Stolberg geht es weniger friedlich zu. Im Jahr 1525 erklärt Thomas Müntzer, ein in Stolberg geborener Priester und Anhänger Luthers, sich selbst zum Anführer der Bauernbewegung Mitteldeutschlands. Unter seiner Leitung fordern die Bauern, die sich auf Luther berufen, eine Verbesserung ihrer (wirtschaftlichen) Verhältnisse und revoltieren gegen die Obrigkeit. Auch Julianas Familie wird bedroht; ihren ältesten Bruder Wolfgang nehmen die Aufständischen sogar gefangen. Vater Botho fühlt sich in seinem auf die Schnelle besser befestigten Schloß in Stolberg nicht mehr sicher, macht den aufgebrachten Bauern einige Zugeständnisse und flüchtet dann in sein Schloß nach Wernigerode.
Mit den Bauern aber nimmt es kein gutes Ende. Wenige Wochen später werden sie vernichtend geschlagen. Übrigens hat auch Luther ihr gewaltsames Vorgehen öffentlich verurteilt. Graf Botho kann zwar wieder nach Stolberg zurückkehren, der Herzog von Sachsen erwartet aber von ihm, daß er die Aufständischen hart bestraft und Botho läßt tatsächlich neun von ihnen zum Tode verurteilen. Der Henker, der aus Wernigerode kommen muß, bekommt für die Vollstreckung des Urteils neun Gulden[26].

Auch Julianas zweiter Mann Wilhelm von Nassau sieht sich gezwungen, in religiösen Fragen vorsichtig zu taktieren. Wie Juliana sympathisiert er mit der Reformation und will, daß die Kirche von allen Mißständen und Fehlern gesäubert wird. Er führt in seiner

25
Siehe: Fritz Reuter (red.): *Der Reichstag zu Worms von 1521. Reichspolitik und Luthersache*, Worms 1971.

26
Ed. Jacobs: „Der Bauernaufruhr von 1525 in Stolberg", in: *Zeitschrift des Harz-Vereins für Geschichte und Altertumskunde* (53), Wernigerode 1920, S. 187-196; Idem: „Dr. Martin Luther in Stolberg", ebenda, S. 196-206.

niet meer veilig; hij willigt enige eisen van de opgewonden boeren in en vlucht vervolgens naar zijn kasteel in Wernigerode.
Maar het loopt verkeerd af met de boeren: enkele weken later worden ze vernietigend verslagen. Trouwens, ook Luther heeft zich openlijk tegen hun geweld gekeerd. Graaf Botho kan dus veilig terugkeren naar Stolberg. De Hertog van Saksen verwacht echter van hem dat hij de oproerkraaiers flink straft. Inderdaad laat Botho negen hunner ter dood veroordelen. De beul, die uit Wernigerode moet komen, krijgt voor het voltrekken van dit vonnis negen gulden[26].

26
Ed. Jacobs: 'Der Bauernaufruhr von 1525 in Stolberg', in: *Zeitschrift des Harz-Vereins für Geschichte und Altertumskunde* (53), Wernigerode 1920, p. 187-196; Idem: 'Dr Martin Luther in Stolberg', ebenda, p. 196-206.

Ook Juliana's tweede man Willem van Nassau moet voorzichtig manoeuvreren in de godsdienstkwestie. Hij is evenals Juliana de hervorming toegedaan en wil dat de kerk gezuiverd wordt van alle dwalingen en misbruiken. Niet alleen voert hij in zijn graafschap lutherse hervormingen in, in 1533 weigert hij zelfs ridder te worden van de prestigieuze Orde van het Gulden Vlies, omdat de statuten de katholieke godsdienst van de leden eisen. Maar tegelijk moet Willem de katholieke keizer te vriend houden vanwege de kwestie-Katzenelnbogen. Dit betreft de felle, decennia durende strijd om de opvolging in het rijke graafschap Katzenelnbogen, waarvoor hij de steun van keizer Karel V nodig heeft. In 1521, op de Rijksdag te Worms, heeft hij hierover met de keizer gesproken, maar de kwestie blijft zich voortslepen. Pas 36 jaar daarná komt het eindelijk tot een vergelijk; twee jaar later, in 1559, sterft Willem. Zijn bijnaam 'de Rijke' dankt hij aan zijn rechten op het rijke Katzenelnbogen.
Dynastieke belangen gaan voorlopig dus vóór

In tegenstelling tot zijn vader aanvaardt Willem van Oranje in 1556 de opname in de katholieke Orde van het Gulden Vlies. Hij draagt hier het rode Ordegewaad met om zijn hals de ordeketen. [Dit portret is in 1945 door brand verloren gegaan]

In Gegensatz zu seinem Vater läßt sich Wilhelm von Oranien 1556 in den katholischen Orden vom Goldenen Vlies aufnehmen. Hier trägt er das rote Ordensgewand mit der Ordenskette [dieses Porträt fiel 1945 den Flammen zum Opfer]

Graaf Botho III overlegt over de invoering van de hervorming. Rechts: Dr Tileman Platner bericht. [Muurschildering in de Feestzaal van slot Wernigerode 1885]

Graf Botho III bei einer Beratschlagung über die Einführung der Reformation. Rechts: Dr Tileman Platner erstattet Bericht. [Wandgemälde Festsaal 1885 Schloß Wernigerode]

Grafschaft die Lutherschen Reformen ein und lehnt es 1533 sogar ab, Ritter des angesehenen Ordens vom Goldenen Vlies zu werden, weil die Statuten die Mitglieder zum katholischen Glauben verpflichten. Andererseits darf Wilhelm es mit dem katholischen Kaiser nicht verderben. Der Grund dafür ist der Konflikt um Katzenelnbogen, ein jahrzehntelanger heftiger Streit um die Nachfolge in dieser reichen Grafschaft, bei dem Wilhelm auf die Unterstützung Karls V. angewiesen ist. Obwohl er das Problem bereits 1521 auf dem Reichstag zu Worms mit dem Kaiser besprochen hat, dauert die Auseinandersetzung an. Erst 36 Jahre später kommt es endlich zum Vergleich; zwei Jahre später, 1559, stirbt Wilhelm. Seinen Beinamen „der Reiche" hat er seinem Anspruch auf das reiche Katzenelnbogen zu verdanken.

Die Interessen der Dynastie erhalten somit zunächst Vorrang vor religiösen Überzeugungen. Das ist auch im Jahr 1544 der Fall, als Julianas ältester Sohn Wilhelm unerwartet das umfangreiche Erbe seines gefallenen Cousins René von Nassau von Chalon (1519-1544) in den Schoß geworfen bekommt. Dieser René verfügt über bedeutende Besitztümer in den Niederlanden und Frankreich, u. a. das Fürstentum Orange, das etwas außerhalb von

godsdienstige overtuigingen. Zo ook in 1544 als Juliana's oudste zoon Willem onverwachts de schitterende erfenis van zijn zojuist gesneuvelde neef René van Nassau van Chalon (1519-1544) in de schoot geworpen krijgt. Deze René had uitgebreide bezittingen in de Nederlanden en Frankrijk, waaronder het vorstendom Orange, dat net buiten Frankrijk aan de Rhône ligt. Zeker, het is maar een klein vorstendom, maar het is erg belangrijk, want het is een onafhankelijk, soeverein staatje. Met deze erfenis zal de kleine Willem dus in één klap behoren tot de elite van soevereine vorsten van Europa. In de Nederlanden wordt hij bovendien de hoogste edelman na de landsheer, keizer Karel V. Juist om deze reden vindt deze het geen goed idee om de beoogde erfgenaam te laten opgroeien in een lutherse omgeving. Dus laat hij Juliana en Willem weten, dat hun zoon de erfenis alleen mag aanvaarden als hij aan het ouderlijk gezag wordt onttrokken en in de Nederlanden als katholiek wordt opgevoed. Gezien de aantrekkelijke toekomstmogelijkheden voor de oudste zoon wordt dit voorstel geaccepteerd.

Intussen heeft de hervorming, die is begonnen als een beweging om de wereldkerk te verbeteren, geleid tot een reeks afscheidingen, waaronder het lutheranisme en het jongere calvinisme. Dit laatste krijgt aanvankelijk vooral aanhang in de zuidelijke Nederlanden, maar rukt daarvandaan gestaag op naar het noorden. De keizer verzet zich fel tegen de kerkelijke verbrokkeling, zowel om godsdienstige als om politieke redenen. Toch wordt in 1555 in het Duitse Rijk het bestaan van meer dan één godsdienst erkend. Voortaan mag iedere vorst zelf beslissen welke kerk in zijn land is toegestaan, de lutherse of de katholieke (later de calvinistische).

Ook het graafschap Nassau-Dillenburg zal overgaan tot de hervorming. Na de dood van graaf Willem de Rijke in 1559 bevorderen Juliana en haar tweede zoon Jan, de nieuwe regerende graaf, er met kracht de lutheranisering; katholicisme en calvinisme worden bestreden. Maar zoon Jan, vele jaren als ijverig lutheraan fel gekant tegen het calvinisme, kiest uiteindelijk toch voor deze vorm van het protestantisme[27]. Juliana heeft het hier moeilijk mee, zoals blijkt uit brieven van Jan aan zijn broer Willem van Oranje. Hij beschrijft hierin de weerstand tegen het calvinisme in Duitsland en laat weten dat 'Frau Mutter' Juliana er ook afkerig van is en 'sich in diesen Handel nicht wohl finden kann'[28].

In 1577 haalt graaf Jan de calvinist dr Christoph Pezel (1539-1604) naar Dillenburg. De oude dame Juliana, inmiddels de zeventig gepasseerd, raakt onder de indruk van zijn preken en van de gesprekken die zij met hem voert. Pezel wordt een vertrouweling en uiteindelijk besluit ook zij over te gaan tot de leer van Calvijn. Zij volhardt hierin tot haar dood in 1580. In deze jaren voert haar zoon Jan – overigens niet zonder weerstand van de bevolking – in zijn graafschap het calvinisme in.

27
De term protestanten gaat terug op de 'protestatio' (= publiekelijke verklaring) van lutheranen op de Rijksdag te Spier in 1529. Jans oudere broer Willem van Oranje is in 1573 al tot het calvinisme overgegaan.

28
Jan van Nassau aan Willem van Oranje, 30-4-1576, www.inghist.nl/Onderzoek/Projecten/WVO/brief/5782;
Jacobs, *Juliana*, p. 291.

Frankreich an der Rhône liegt. Es ist zwar nur ein kleines Fürstentum, aber von großer Bedeutung, weil es ein unabhängiger souveräner Staat ist. Durch dieses Erbe gehört der kleine Wilhelm also plötzlich zur Elite der souveränen Fürsten Europas und wird zudem in den Niederlanden der hochrangigste Edelmann nach dem Landesfürsten Kaiser Karl V. Schon aus diesem Grund findet Kaiser Karl keinen Gefallen an der Idee, den vorbestimmten Erben protestantisch aufwachsen zu lassen. Deshalb teilt er Juliana und Wilhelm mit, daß ihr Sohn das Erbe nur antreten darf, wenn er ihrer elterlichen Gewalt entzogen und in den Niederlanden katholisch erzogen wird. In Anbetracht der ausgezeichneten Zukunftsaussichten für ihren ältesten Sohn beugen sich die Eltern seinem Wunsch.

In der Zwischenzeit sind aus der Reformation, die als eine Bewegung zur Reform der Weltkirche begonnen hatte, verschiedene Richtungen entstanden. Unter anderem sind das Lutheranertum und der später entstandene Kalvinismus hinzugekommen, der vor allem in den südlichen Niederlanden Anhänger findet und von dort aus unaufhörlich nach Norden vorrückt. Der Kaiser widersetzt sich, sowohl aus religiösen als auch aus politischen Gründen, der Teilung der Kirche aus aller Kraft. Erst im Jahr 1555 wird im Deutschen Reich die Existenz mehrerer Religionen gestattet. Von diesem Zeitpunkt an darf jeder Fürst selbst entscheiden, ob er in seinem Land die lutherische oder die katholische (später die Kalvinistische) Kirche zulassen will.

Auch die Grafschaft Nassau-Dillenburg geht zur Reformation über. Nach dem Tod des Grafen Wilhelm der Reiche im Jahre 1559 unterstützen Juliana und ihr zweiter Sohn Johann, der neue regierende Graf, den Lutheranismus mit aller Kraft. Katholizismus und Kalvinismus hingegen werden bekämpft. Aber letzten Endes entscheidet sich Sohn Johann, der lange Jahre als eifriger Lutheraner ein strikter Gegner des Kalvinismus gewesen ist, für diese Form des Protestantismus[27]. Juliana bereitet dieser Entschluß Schwierigkeiten, wie aus Johanns Briefen an seinen Bruder Wilhelm von Oranien hervorgeht. Er beschreibt darin den Widerstand gegen den Kalvinismus in Deutschland und teilt mit, daß „Frau Mutter" Juliana ihn auch ablehne und „sich in diesen Handel nicht wohl finden kann"[28].

Das Blatt wendet sich, als Graf Johann im Jahr 1577 den Kalvinisten Dr. Christoph Pezel (1539-1604) nach Dillenburg holt. Die inzwischen über siebzig Jahre alte Dame Juliana zeigt sich beeindruckt von seinen Predigten und von den Gesprächen, die sie mit ihm führt. Pezel wird ihr Vertrauter, sie beschließt, sich der Lehre Calvins anzuschließen und bleibt bis zu ihrem Tod im Jahre 1580 Kalvinistin. In diesen Jahren führt ihr Sohn Johann – übrigens nicht ohne Widerstand aus der Bevölkerung – in seiner Grafschaft den Kalvinismus ein.

27
Der Ausdruck "Protestanten" kommt von "protestatio" (= öffentliche Erklärung) der Lutheraner auf dem Reichstag in Speyer 1529. Johanns älterer Bruder Wilhelm von Oranien ist bereits seit 1573 Kalvinist.

28
Johann von Nassau an Wilhelm von Oranien, 30.4.1576, www.inghist.nl/Onderzoek/Projecten/WVO/brief/5782; Jacobs, *Juliana*, S. 291.

7. Dagelijks leven

Na haar huwelijk met Willem van Nassau verhuist Juliana naar het familiekasteel Dillenburg, in de 13de eeuw gebouwd in de kromming van de rivier de Dill. Hier zal zij bijna vijftig jaren, tot haar dood in 1580, resideren. Als moeder zal zij toezien op de opvoeding van haar talrijke kinderen, stiefkinderen, pleegkinderen en kleinkinderen, als slotvrouw zal zij zorgen voor het reilen en zeilen van de uitgebreide feodale huishouding, waartoe ook behoort het ontvangen van talloze gasten en het bereiden van artsenijen voor armen en zieken.

Om een en ander ordelijk te laten verlopen is een *Hofordnung,* een reeks leefregels, vastgesteld, die in de grote eetzaal is opgehangen. Deze betreft onder meer de twee warme hoofdmaaltijden om 's morgens tien uur en 's middags vijf uur. Alle bewoners van het slot eten dan tegelijkertijd, maar wel aan verschillende tafels. De leden van de grafelijke familie zitten samen met hun adviseurs en hoge dienaren aan de grootste tafel, de lagere dienaren aan een kleinere tafel; de kinderen eten in de *Kinderstube*, het vrouwelijk personeel in de *Frauenzimmer*, het keukenpersoneel in de keuken. Tussendoor is er nog de *Zwischentrunk* tussen twee uur en half drie. Iedereen moet wel op tijd zijn, want 'was darnach kompt, soll nichts empfangen'[29]. 's Avonds om acht uur is er ten slotte de *Schlaftrunk*.

En wat eet Juliana op de Dillenburg zoal? In 1576 staat het volgende op het menu: eieren op de manier van Lombardije (wijn gebonden met eidooiers met suiker gezoet – voorloper van de huidige zabaglione), kip van het spit, rundvlees, kalfskop, kalfsgebraad, rijst in melk gekookt met suiker en saffraan. Een andere keer zijn gasten aanwezig en worden meer gerechten aangeboden: 'sop' met kip (stukje kip in wijn, gebonden met broodkruim – stevige lepelkost) gevogelte (aan het spit of in een pastei), ham, walvis, kalfsgebraad, appelmoes, groente in wijn gekookt, struifkoeken met salie, diverse eiergerechten, tarwebrij en kreeft.

Overigens wordt in die tijd anders gegeten dan nu. De verschillende gerechten worden alle tegelijk op symmetrische manier op tafel uitgestald. De eters pakken vervolgens spijzen uit schalen en terrines die bij hen in de buurt staan. Men eet dus niet per se alle gerechten die op het menu staan. De vork bestaat nog niet – men eet met mes en lepel, of met de handen. De mannen nemen hun eigen mes mee.

Een andere taak van slotvrouw Juliana is de ziekenzorg. Huisartsen bestaan niet; het verzorgen en verplegen van zieken en gewonden is traditioneel de taak van kloosters. Na de

29
Jacobs, *Juliana*, p. 44, 61 en 344.

7. Alltagsleben

Nach ihrer Eheschließung mit Wilhelm von Nassau zieht Juliana auf das Familienschloß Dillenburg, das im 13. Jahrhundert in einem Bogen der Dill erbaut worden war. Dort residiert sie fast fünfzig Jahre, bis zu ihrem Tod im Jahre 1580. Als Ehefrau widmet sie sich der Erziehung ihrer zahlreichen Kinder, Stiefkinder, Pflegekinder und Enkel. Als Schloßherrin sorgt sie für das reibungslose Funktionieren des ausgedehnten feudalen Haushalts, wozu auch der Empfang zahlloser Gäste und die Zubereitung von Arzneien für Arme und Kranke gehören.

Um für einen reibungslosen Ablauf aller Tätigkeiten zu sorgen, gibt es eine *Hofordnung*, eine Reihe von Verhaltensmaßregeln, die im großen Speisesaal aushängt. Darin sind unter anderem die warmen Hauptmahlzeiten morgens um 10 Uhr und mittags um 5 Uhr geregelt, bei denen sämtliche Bewohner des Schlosses miteinander, jedoch an unter-

Dillenburg: hier woont Juliana bijna 50 jaar. Graaf Willem de Rijke maakt Dillenburg tot zijn vaste residentie. Hij verbouwt en verfraait het slot en breidt het in ook flink uit (1535; 'Neuer Bau' 1553). In 1760 wordt het slot belegerd en verwoest door de Fransen.. [G. Braun und F. Hogenberg, Beschreibung und Contrefactur, 1575].

Dillenburg: Hier wohnt Juliana fast 50 Jahre. Graf Wilhelm der Reiche macht die Dillenburg zu seiner ständigen Residenz. Er läßt das Schloß umbauen, vergrößern und verschönern (1535; „Neuer Bau"1553). 1760 wird das Schloss von den Franzosen belagert und zerstört. [G. Braun und F. Hogenberg, Beschreibung und Contrefactur, 1575]

opheffing van kloosters in de reformatie houden ook veel adellijke vrouwen zich hiermee bezig. Ook Juliana bekwaamt zich in het maken van zalfjes en geneesmiddelen, waarvoor de ingrediënten mede uit de grafelijke boomgaard, moes- en kruidentuinen komen. Zo is in de kasteelapotheek voor mensen die het nodig hebben altijd wel een passend geneesmiddel te vinden, bijvoorbeeld kweepeergelei, vruchtendrank of lavendelwater.

Direct na haar huwelijk heeft Juliana vier kinderen onder haar hoede: haar twee Hanause dochters, de negenjarige dochter Magdalena uit Willems eerste huwelijk en het vijfjarige neefje Ernst van Holstein-Schaumburg[30]. Haar twee Hanause zoons gaan niet mee naar Dillenburg – zij worden elders opgevoed, vooral in Lich door hun oudoom Filips van Solms. In 1533 komt daar Juliana's eerste kind uit haar tweede huwelijk bij, een 'Kyndlen menlichs geslechts Der nam sol Wi[lhelm] heissen', zoals de jonge vader noteert. De geboorte van deze stamhouder, de later zo beroemde Willem van Oranje, leidt tot grote vreugde. De plechtige doop van het jongetje vindt twee weken later in het bijzijn van veel gasten in de Dillenburgse slotkapel plaats[31]. De ouders kiezen hierbij voor het traditionele katholieke doopritueel met een Heilige Mis, uitbanning van boze geesten (exorcisme) en zalving van neus en oren met gewijde olie. Verwonderlijk is dit niet, enerzijds omdat lutheranen in die tijd nog wel vasthouden aan oude gebruiken, anderzijds omdat graaf Willem om politieke redenen de oude vormen handhaaft. Een der peetvaders is Juliana's grijze oom Eberhard – hij overlijdt niet lang daarna.
Het aantal kinderen op de Dillenburg zal zich de komende jaren snel uitbreiden, zowel door geboorten als door opname van 'pleegkinderen'. Het echtpaar Nassau richt namelijk een hofschool in, waar niet alleen de eigen kinderen, maar ook telgen uit andere families welkom zijn. Opmerkelijk is dit niet, want in die tijd is het voor jonge edelen goed gebruik om enige tijd aan een bevriend of verwant vorstelijk hof te vertoeven. Juliana heeft zelf op het kasteel van oom Eberhard haar meisjesjaren doorgebracht; haar vader Botho is opgegroeid aan het hof van een familielid. En zo zal de Dillenburgse hofschool tal van externe leerlingen tellen, onder wie Juliana's jongste broer Christoph van Stolberg (1524-1581), haar latere schoonzoon Albrecht van Schwarzburg[32] en de al genoemde neef Ernst. Graaf Willem heeft overigens een aanvaarde bastaardzoon, Godfried genaamd. Het is niet onwaarschijnlijk dat deze jongen, wiens moeder onbekend is, eveneens aan het Dillenburgse hof wordt opgevoed[33]. Ook tal van Juliana's kleinkinderen zullen korte of langere tijd op het kasteel verblijven, onder wie Maria, Maurits en Emilia van Oranje, en drie kleinzoons Van den Bergh.
Juliana leidt dus een drukbezet leven. 1559 vormt in dit opzicht een hoogtepunt: in juni van dat jaar wordt op Dillenburg het driedubbele huwelijk gevierd van haar kinderen Jan, Anna

30
Ernst van Holstein-Schaumburg, 1526-1587, is een zoon van Willems zuster Maria van Nassau en de in 1531 overleden graaf Jost van Holstein-Schaumburg.

31
Manuscript Willem de Rijke van Nassau inzake geboorte en doop van zijn zoon, KHA, Willem I, A 11 – I – 1.

32
Albrecht graaf van Schwarzburg-Rudolstadt, 1537-1605, trouwt in 1575 met Juliana van Nassau.

33
Godfried van Nassau, heer van Löhnberg en Camberg, ? – 1582, o.m. hofmeester te Dillenburg 1566-7. De stad Löhnberg behoorde tot het Nassau-bezit. In de 15de eeuw waren enige Nassaubastaarden in deze stad benoemd geweest tot burgemeester en slotvoogd. Overigens was het door de adel op de wereld zetten van bastaardkinderen in de 15de-17de eeuw niet ongewoon. A.W.E. Dek, *Genealogie van het Vorstenhuis Nassau*, Zaltbommel 1970, p. 74; Reinildis van Ditzhuyzen: *Oranje-Nassau. Een biografisch woordenboek*, Haarlem 2004, p. 12vv.

schiedlichen Tischen, essen. Die Mitglieder der gräflichen Familie nehmen mit ihren Beratern und hohen Dienern am größten Tisch Patz. Die im Rang weniger hohen Diener sitzen an einem kleineren Tisch, die Kinder essen in der *Kinderstube*, das weibliche Personal im *Frauenzimmer* und das Küchenpersonal in der Küche. Es gibt auch Zwischenmahlzeiten, wie den *Zwischentrunk* mittags zwischen zwei und halb drei. Man muß jedoch rechtzeitig zur Stelle sein, denn „was darnach kompt, soll nichts empfangen"[29]. Abends um acht Uhr gibt es schließlich den *Schlaftrunk*.

Wovon ernährt sich Juliana eigentlich auf der Dillenburg? Im Jahr 1576 stehen folgende Gerichte auf der Speisekarte: Eier auf lombardische Art (mit Eigelb gebundener und mit Zucker gesüßter Wein – ein Vorläufer der heutigen Zabaglione), Hähnchen vom Spieß, Rindfleisch, Kalbskopf, gebratenes Kalbfleisch, Milchreis mit Zucker und Safran. Wenn Gäste anwesend sind, wird reichhaltiger gegessen, so ist z.B. folgende Speisefolge überliefert: „Suppe" mit Hühnerfleisch (Stückchen vom Huhn in Wein, gebunden mit Brotkrümeln – eine Art Eintopf), Geflügel (vom Spieß oder als Pastete), Schinken, Walfisch, gebratenes Kalbfleisch, Apfelmus, in Wein gekochte Gemüse, Strauben mit Salbei, verschiedene Eiergerichte, Weizenbrei und Hummer.

Übrigens ist es dabei üblich, sämtliche Gerichte gleichzeitig symmetrisch auf dem Tisch „auszustellen". Die Gäste nehmen sich die Speisen aus den Schalen und Terrinen, die am dichtesten bei ihnen stehen. Man ißt also nicht unbedingt alles, was auf den Tisch kommt. Die Gabel gibt es damals noch nicht – man ißt mit Messer und Löffel oder mit den Händen. Männer haben ihr eigenes Messer dabei.

Eine andere Aufgabe der Schloßherrin Juliana ist die Versorgung Kranker. Da es noch keine Hausärzte gibt, war das Versorgen und Pflegen der Kranken und Verwundeten lange Zeit eine traditionelle Aufgabe der Klöster. Nach der Schließung der Klöster im Zuge der Reformation nehmen sich viele adlige Frauen dieser Aufgabe an. Auch Juliana erlernt die Zubereitung von Salben und Arzneimitteln, deren Bestandteile u. a. aus dem gräflichen Obstgarten und aus dem Gemüse- und Kräutergarten stammen. In der Schloßapotheke gibt es für Kranke immer irgendein geeignetes Arzneimittel wie Quittengelee, Fruchtsaft oder Lavendelwasser.

Zum Zeitpunkt ihrer zweiten Eheschließung hat Juliana vier Kinder zu betreuen: ihre beiden Hanauer Töchter, die neunjährige Tochter Magdalena aus Wilhelms erster Ehe und den fünfjährigen Neffen Ernst von Holstein-Schaumburg[30]. Ihre beiden Hanauer Söhne folgen ihr nicht auf die Dillenburg – sie werden an anderen Orten erzogen, hauptsächlich von ihrem Großonkel Philipp von Solms in Lich. Im Jahr 1533 kommt Julianas erstes Kind aus zweiter Ehe hinzu, ein „Kyndlen menlichs geslechts Der nam sol Wi[lhelm] heissen", wie der Vater

29
Jacobs, *Juliana*, S. 44, 61 und 344.

30
Ernst von Holstein-Schaumburg, 1526-1587, ist ein Sohn von Wilhelms Schwester Maria von Nassau und dem 1531 verstorbenen Grafen Jost von Holstein-Schaumburg.

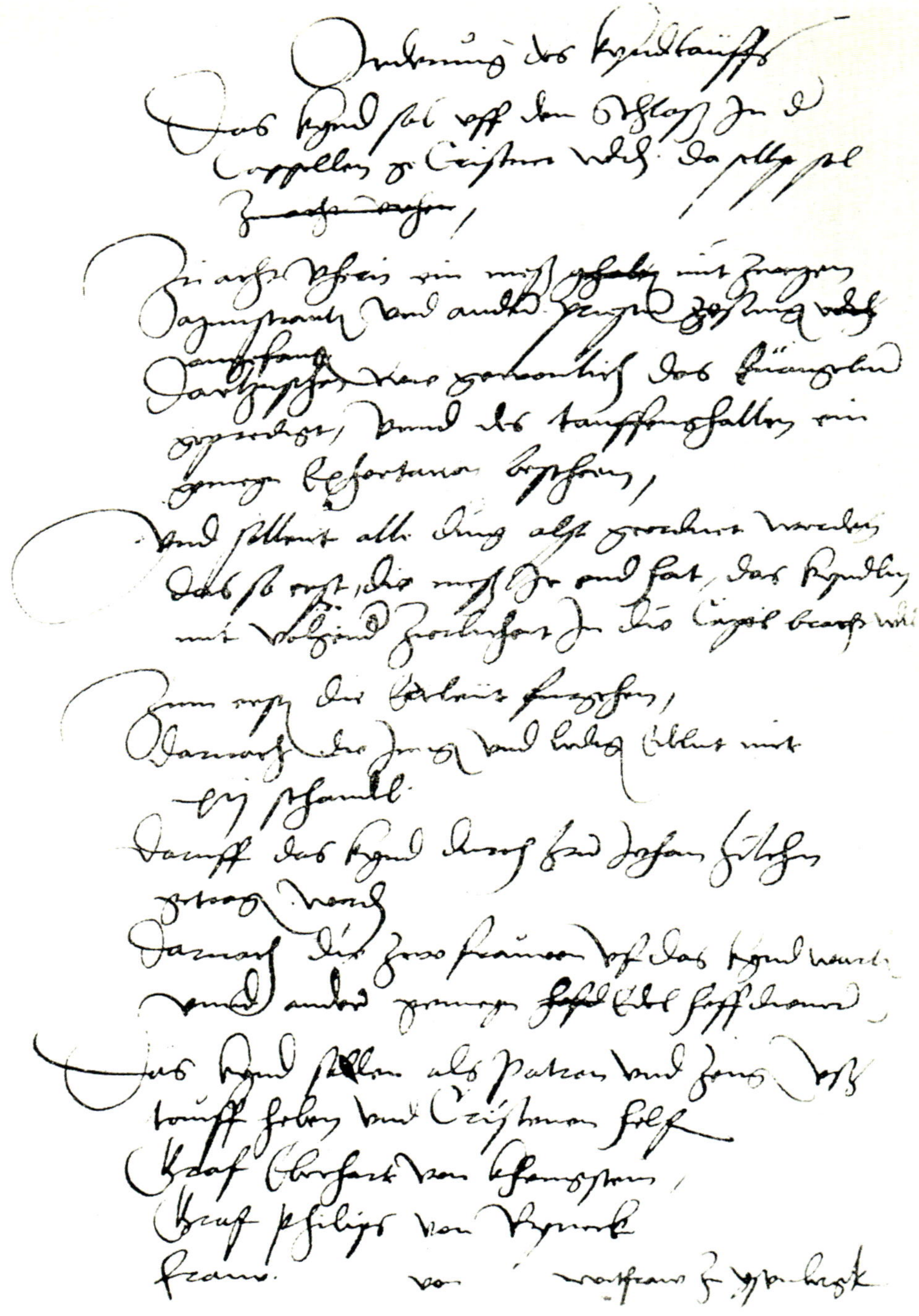

Aantekeningen van Willem de Rijke over geboorte en doop van zijn eerste zoon Willem (van Oranje) in 1533 / [KHA, Willem I, A 11 - I - 1]

Eintrag von Wilhelm dem Reichen über die Geburt und Taufe seines ersten Sohnes Wilhelm (von Oranien) 1533 [KHA, Wilhelm I, A 11- I - 1]

notiert. Die Geburt dieses Stammhalters, des später so berühmten Wilhelms von Oranien, ist Anlaß zu großer Freude. Die feierliche Taufe des Jungen findet zwei Wochen später in Anwesenheit vieler Gäste in der Dillenburger Schloßkapelle statt[31]. Die Eltern entscheiden sich für das traditionelle katholische Taufritual mit einer Heiligen Messe, der Vertreibung böser Geister (Exorzismus) und Salbung von Nase und Ohren mit geweihtem Öl. Dies ist nicht weiter erstaunlich, denn einerseits halten die Lutheraner zu jener Zeit noch die alten Bräuche in Ehren, andererseits will Graf Wilhelm sich aus politischen Gründen an die traditionellen Rituale halten. Einer der Paten des Jungen ist Julianas ergrauter Onkel Eberhard, der kurze Zeit später stirbt.

Die Kinderzahl auf der Dillenburg steigt in den darauf folgenden Jahren, sowohl durch Geburten als auch durch die Aufnahme von „Pflegekindern", schnell an. Das Ehepaar Nassau gründet nämlich eine Hofschule, in der nicht nur die eigenen Kinder, sondern auch Sprößlinge anderer Familien willkommen sind. Das ist nichts Außergewöhnliches, da es in jener Zeit für junge Edelleute üblich ist, sich eine Zeitlang an einem befreundeten oder verwandten Fürstenhof aufzuhalten. Juliana selbst hat ihre Mädchenjahre auf dem Schloß ihres Onkels Eberhard verbracht; ihr Vater Botho wächst am Hofe eines Verwandten auf. Die Dillenburger Hofschule wird von vielen externen Schülern besucht, darunter auch Julianas jüngster Bruder Christoph von Stolberg (1524-1581), ihr späterer Schwiegersohn Albrecht von Schwarzburg[32] und der bereits erwähnte Neffe Ernst. Graf Wilhelm hat übrigens auch einen anerkannten außerehelichen Sohn namens Gottfried. Es ist durchaus anzunehmen, daß dieser Junge, von dessen Mutter wir nichts wissen, ebenfalls am Dillenburger Hof erzogen wird[33]. Später verbringen einige von Julianas Enkelkindern kürzere oder längere Zeit im Schloß, darunter Maria, Mauritz und Emilia von Oranien, und drei Enkel van den Bergh.

Juliana ist somit eine vielbeschäftigte Frau. Das Jahr 1559 stellt in dieser Hinsicht einen Höhepunkt dar, da im Juni diesen Jahres auf der Dillenburg eine dreifache Hochzeit gefeiert wird: die ihrer Kinder Johann, Anna und Elisabeth. In vorhergehenden Jahren hat man auf der Dillenburg wegen des Unsummen verschlingenden Rechtsstreits um Katzenelnbogen so sparsam wie möglich gelebt. Als der Streit dann endlich beigelegt ist, erhält der Graf von Nassau eine nicht unerhebliche Geldsumme, so daß man die dreifache Hochzeit gebührend feiern kann. Hunderte von Gästen kommen zu Pferd auf die Dillenburg, um einige Tage lang überschwenglich zu feiern, zu essen, zu trinken und zu tanzen. Ganze 1235 Pferde müssen während der Feierlichkeiten untergebracht und gefüttert werden – eine Zahl, die den Umfang dieses Festes widerspiegelt.

Die Sitzordnung während der verschiedenen Bankette im großen Eßsaal richtet sich nach dem Rang und Stand der Gäste: so gibt es einen Fürstentisch, zwei lange Grafentische

31 Manuskript Wilhelm der Reiche von Nassau betreffend die Geburt und Taufe seines Sohnes. KHA, Wilhelm I. A 11 – I – 1.

32 Albrecht Graf von Schwarzburg-Rudolstadt, 1537-1605, heiratet 1575 Juliana von Nassau.

33 Gottfried von Nassau, Herr von Löhnberg en Camberg, ? – 1582, u. a. Hofmeister in Dillenburg 1566-7. Die Stadt Löhnberg gehört zum Besitz derer von Nassau. Im 15. Jahrhundert werden einige uneheliche Kinder derer von Nassau in dieser Stadt zu Bürgermeistern und Schloßvogt ernannt. Übrigens ist es vom 15. bis zum 17. Jahrhundert nichts Ungewöhnliches, daß der Adel uneheliche Kinder in die Welt setzt. A.W.E. Dek, *Genealogie van het Vorstenhuis Nassau*, Zaltbommel 1970, S. 74; Reinildis van Ditzhuyzen: *Oranje-Nassau. Een biografisch woordenboek*, Haarlem 2004, S. 12ff.

Eerste gang van een vorstelijk huwelijksbanket 1568 met vorsten- en graventafels [ets van Nikolaus Solis 1542-1584, Münchner Stadtmuseum].

Erster Gang eines fürstlichen Hochzeitsbanketts 1568. Man sieht Fürsten- und Herrentischen. (Radierung Nikolaus Solis 1542-1584, Münchner Stadtmuseum].

Ludwig von Stolberg, Juliana's lievelingsbroer, in een kostuumontwerp. [15 x 27 cm., part. coll.].

Ludwig von Stolberg, Julianas Lieblingsbruder in einem Kostümentwurf [15 x 27 cm, Privatbesitz]

en Elisabeth. De jaren daarvoor heeft men op Dillenburg zo sober mogelijk geleefd wegens de geldverslindende juridische strijd om Katzenelnbogen. Maar het geschil is eindelijk opgelost; de graaf van Nassau ontvangt zelfs een aanzienlijke som gelds. Dus nu kan flink worden uitgepakt met dit huwelijksfeest. Honderden gasten komen te paard naar Dillenburg, waar zij enige dagen uitbundig feesten, eten, drinken en dansen. Niet minder dan 1235 paarden moeten tijdens de feestelijkheden gestald en gevoederd worden. Het geeft aan hoe groots de viering is.

Tijdens de diverse banketten zitten de aanwezigen in de grote eetzaal volgens rang en stand aan tafel; er zijn een vorstentafel , twee lange graventafels en nog een stuk of veertien andere eettafels voor andere voorname gasten. Elders op het kasteel zijn veertig tafels gedekt voor de gewone bereden dienaren. Omdat het jacht- en visrecht het privilege is van de adel, wordt alleen aan de 'adellijke' tafels wild en vlees gegeten, van hert en haas tot zwaan en pauw. Ook wittebrood wordt alleen aan de edele feestgangers verstrekt – de overige eters krijgen rogge- en haverbrood. Omdat vlees zo exclusief is, is ook het opdienen ervan een edele bezigheid, voorbehouden aan jonge aristocraten. Net als vechten en dansen dienen zij deze kunstige vaardigheid te beheersen. Ook bij dit driedubbele huwelijk op de Dillenburg zijn het jongeren uit vooraanstaande families die de gerechten opdienen. Tijdens het eten moeten zij netjes bij de tafels blijven staan.

Juliana als weduwe. Maar enige maanden na deze kostelijke feesten wordt Juliana weduwe als Willem de Rijke op 72-jarige leeftijd sterft. Prins Willem wordt als oudste zoon hoofd van het Huis Nassau-Dillenburg, de tweede zoon Jan volgt op als regerend graaf. Ofschoon

und etwa vierzehn andere Tische für andere vornehme Gäste. In einem anderen Teil der Burg werden vierzig Tische für die gewöhnlichen berittenen Diener aufgestellt. Da das Jagd- und Fischrecht ein Privileg des Adels ist, wird nur an den „adligen" Tischen Wildbret gegessen, von Hirsch und Hase bis hin zu Schwan und Pfau. Auch Weißbrot bekommen nur die adeligen Besucher – die übrigen Gäste bekommen Roggen- und Haferbrot. Da Fleisch eine sehr exklusive Speise ist, wird das Auftragen des Fleisches als edle Tätigkeit betrachtet, die jungen Aristokraten vorbehalten bleibt. Sie müssen diese Fertigkeit genauso beherrschen wie das Fechten und Tanzen. Auch bei der dreifachen Hochzeit auf der Dillenburg sind es jüngere Leute aus vornehmen Familien, die die Gerichte auftragen und während des Essens ordentlich bei den Tischen stehen bleiben müssen.

Juliana als Witwe. Nur wenige Monate nach diesen teuren Festen stirbt Wilhelm der Reiche mit 72 Jahren und Juliana wird zum zweiten Mal Witwe. Prinz Wilhelm wird als ältester Sohn Oberhaupt des Hauses Nassau-Dillenburg, der zweitälteste Sohn Johann wird regierender Graf. Entgegen der in fürstlichen Kreisen gebräuchlichen Sitte, daß Witwen auf ihren Witwensitz umziehen, um dem Nachfolger nicht zur Last zu fallen, bleibt Juliana bis zu ihrem eigenen Tod auf dem Familienschloß wohnen. Sie versteht sich ausgezeichnet mit der Frau ihres Sohnes Johann, ihrer Schwiegertochter und neuen Schloßherrin.

Zu ihrem Sohn Wilhelm hat Juliana nun wieder mehr Kontakt. Seit er 1544 in die Niederlande gegangen ist, hatte er wenig Verkehr mit seiner Mutter. So ist Juliana beispielsweise bei Wilhelms Eheschließung mit der reichen katholischen Erbin Anna von Buren nicht anwesend und kennt diese Schwiegertochter auch nicht. Mit seinem Vater unterhält Prinz Wilhelm eine regelmäßige Korrespondenz, in der das Problem Katzenelnbogen und die damit zusammenhängenden finanziellen Probleme regelmäßig zur Sprache kommen. Außerdem pflegt der Prinz Kontakte zu seinen Brüdern und Halbbrüdern, u. a. zu Philipp III. von Hanau, Julianas ältestem Sohn. Scheinbar sehen die beiden sich ab und zu, denn 1549 schreibt Wilhelm aus Brüssel an Philipp, er hoffe, in Kürze mit ihm ein Pferderennen auf einem Pferd veranstalten zu können, das ihm Kaiser Karl V. geschenkt hat. Einige Zeit später bedankt sich Wilhelm bei seinen Halbbruder für den ihm übersandten Hengst[34].

Als ältester Sohn fühlt sich Prinz Wilhelm für die Erziehung seiner Brüder und Schwestern verantwortlich. Aus diesem Grund lebt Julianas jüngerer Sohn Ludwig bereits seit 1556 an Wilhelms Hof, wo man Gefallen daran findet, viel Pracht zur Schau zu stellen. Der gut aussehende lebenslustige Jüngling Ludwig fühlt sich dort sehr wohl. Nach

34
Wilhelm von Oranien an Philipp III von Hanau-Münzenberg, 2-1-1549, www.inghist.nl/Onderzoek/Projecten/WVO/brief/10648 en 18-3-1552, brief 10649.

het in vorstelijke kringen gebruikelijk is dat weduwen naar hun 'weduwgoed' verhuizen om de opvolger niet voor de voeten te lopen, blijft Juliana tot haar dood op het familieslot wonen. Ze kan het dan ook uitstekend vinden met de vrouw van Jan, haar schoondochter, die eigenlijk de nieuwe slotvrouwe is.

Met haar zoon Willem zal Juliana voortaan meer contact hebben. Sinds zijn vertrek naar de Nederlanden in 1544 was de omgang met zijn moeder beperkt gebleven. Zij is niet aanwezig bij zijn huwelijk met de rijke katholieke erfdochter Anna van Buren, heeft deze schoondochter niet leren kennen. Prins Willem onderhoudt wel een geregelde correspondentie met zijn vader. De kwestie Katzenelnbogen en de hiermee verbonden financiële problemen komen hierin herhaaldelijk aan de orde. Verder heeft de prins contacten met zijn broers en halfbroers, onder wie Filips III van Hanau, Juliana's oudste zoon. Kennelijk zien de twee elkaar af en toe want in 1549 schrijft Willem vanuit Brussel aan Filips, dat hij hoopt binnenkort met hem een paardrenwedstrijd te kunnen houden op het paard dat hij van keizer Karel V heeft gekregen. Enige tijd later bedankt Willem zijn halfbroer voor de toegestuurde hengst[34].

Als oudste zoon voelt de prins zich verantwoordelijk voor de opvoeding van zijn broers en zusters. Daarom verblijft Juliana's jongere zoon Lodewijk al vanaf 1556 aan Willems prachtlievende hof; de aantrekkelijke en levenslustige jongeling heeft het er bijzonder naar zijn zin. En na de dood van zijn vader laat de prins weten dat hij goed voor zijn jonge zusjes Magdalena en Juliana zal zorgen: 'wenn sie einen Vater verloren haben, so würden sie in ihm einen zweiten finden'[35]. Ook zij verlaten de Dillenburg en verhuizen naar de Nederlanden. Voor het onderhoud van de twee 'grafelijke juffers' wordt per jaar 500 gulden uitgegeven, voor Lodewijk 600 gulden[36].

Nu de prins hoofd van de familie is, vraagt Juliana zijn advies over de opvoeding van haar jongste zoon Hendrik (1550-1574). Ze verontschuldigt zich dat ze zich 'zo vaak en veel met haar kinderen bezighoudt, maar ik kan nu eenmaal bij niemand anders troost en hulp zoeken'[37]. Als de gravin echter hoort dat Hendrik naar de (katholieke) hogeschool in Leuven is gestuurd, laat ze weten daar niet erg blij mee te zijn: volgens haar komt hij daar te veel onder de invloed van de paapse leer. Ook tegen een mogelijke geestelijke loopbaan in de katholieke kerk verzet de diepgelovige Juliana zich heftig, samen met haar zoon Jan. Later is sprake van een verdere studie van Hendrik in Italië. Juliana wil er niets van weten: het 'goddeloze leven' in dat land bevalt haar helemaal niet. Uiteindelijk zal haar jongste zoon in Straatsburg studeren.

34
Willem van Oranje aan Filips III van Hanau-Münzenberg, 2-1-1549, www.inghist.nl/Onderzoek/Projecten/WVO/brief/10648 en 18-3-1552, brief 10649.

35
Klaus Vetter, *Am Hofe Wilhelms von Oranien*, Leipzig 1990, p. 43.

36
Marie-Ange Delen: *Het hof van Willem van Oranje*, Amsterdam 2002, p. 64 en 113.

37
Juliana van Stolberg aan Willem van Oranje 6-1-1562, www.inghist.nl/Onderzoek/Projecten/PVO/brief/5505

Bij zijn aftreden als heer der Nederlanden te Brussel in 1555 leunt keizer Karel V op de schouder van Willem van Oranje. Rechts van de keizer staat zijn zoon en opvolger Filips II (Schoolplaat J.H. Isings 1927).

Bei seiner Abdankung als Herrscher der Niederlande in Brüssel 1555 lehnt sich Kaiser Karl V. auf die Schulter von Wilhelm van Oranien. Rechts vom Kaiser steht sein Sohn und Nachfolger Philipp II. (Druck zur Verwendung im Schulunterricht J.H. Isings 1927).

dem Tod seines Vaters läßt der Prinz wissen, er werde gut für seine jüngeren Schwestern Magdalena und Juliana sorgen: „wenn sie einen Vater verloren hätten, so würden sie in ihm einen zweiten finden."[35] Auch diese beiden Kinder Julianas verlassen die Dillenburg und ziehen in die Niederlande. Für den Lebensunterhalt der beiden „grafelijke juffers" (gräflichen Jungfräulein) werden 500 Gulden jährlich ausgegeben, für Ludwig 600 Gulden.[36]

Da der Prinz nun Oberhaupt der Familie ist, sucht Juliana bezüglich der Erziehung ihres jüngsten Sohnes Heinrich (1550-1574) seinen Rat. Sie entschuldigt sich dafür, daß sie sich „so oft und so viel mit ihren Kindern beschäftigt, aber ich kann nun einmal bei niemand anders Trost und Hilfe suchen"[37]. Als die Gräfin jedoch erfährt, daß Heinrich auf die (katholische) Hochschule in Löwen (im heutigen Belgien) geschickt wird, teilt sie mit, daß sie dies nicht für eine gute Entscheidung halte. Ihrer Meinung nach werde Heinrich dort zu sehr dem Einfluß der päpstlichen Lehre ausgesetzt. Auch der Idee einer eventuellen Karriere als katholischem Geistlichen widersetzt sich die tiefgläubige Juliana heftig, zusammen mit ihrem Sohn Johann. Wenig später setzt Heinrich seine Studien in Italien fort, was Juliana wiederum für keine gute Idee hält, da ihr das „gottlose Leben" in jenem Land überhaupt nicht gefällt. Letztendlich beendet ihr jüngster Sohn seine Studien in Straßburg.

35
Klaus Vetter: *Am Hofe Wilhelms von Oranien*, Leipzig 1990, S. 43.

36
Marie-Ange Delen: *Het hof van Willem van Oranje*, Amsterdam 2002, S. 64 und 113.

37
Juliana von Stolberg an Wilhelm von Oranien 6.1.1562, www.inghist.nl/Onderzoek/Projecten/PVO/brief/5505

Kleding

In Juliana's tijd bestaat de garderobe van de vrouw uit de volgende kledingstukken: hemd, halsdoek, onderkeurs of onderrok, borstlap over hemd en onderkeurs (ter ondersteuning van de borsten), tabbaard (soort overkleed over onderkeurs; we zouden het nu aanduiden als japon), gordel of paternoster over de tabbaard/rok, sieraden, handschoenen, zakdoek en hoofdbedekking. (Het is in de 16de eeuw gewoonte het hoofd altijd te bedekken, doorgaans ook binnenshuis.)
In deze jaren is de Duitse mode zeer herkenbaar. Dit komt onder andere tot uitdrukking in de werken van Albrecht Dürer, Heinrich Aldegrever en vooral ook in de schilderijen van Lucas Cranach. Als we naar Juliana's zegel van 1523 kijken, waarop zij ten voeten uit is afgebeeld, kunnen we vaststellen dat zij naar de specifiek Duitse mode gekleed gaat. Zij draagt op dit zegel een overkleed waarvan omstreeks 1520 rok en lijf steeds vaker van elkaar gescheiden werden; het keurslijf zakte hierbij weer naar de natuurlijke plaats terug. De halslijn werd hierbij hoger. De op diverse plaatsen ombonden mouwen werden doorsneden en door de spleten die hierbij ontstonden, kwamen de hemdsmouwen naar buiten. Deze zogenaamde 'spletenmode' was een mode die in verschillende landen in Europa werd overgenomen.
Juliana's rok is met beleg versierd. Hierbij draagt zij vermoedelijk een linnen muts die met banden en linten omwonden is of met een zijden net is bedekt. Een sluier is moeilijk te onderscheiden[1]. De Duitse kostuumdeskundige Erika Thiel noemt deze hoofdbedekking een 'Kugelhaube'[2]. Veel van deze details zijn te zien op bijgaande afbeelding van Lucas Cranach, waarop ook de juwelen duidelijk uitkomen. De kostbare stoffen, de zware gouden hals- en gordelketens en ringen boden ruimschoots de gelegenheid tot pronken.

1
J.H. der Kinderen-Besier, *Modemetamorphosen. De kleedij onzer voorouders in de zestiende eeuw*, 1933, p. 107.

2
Erika Thiel, *Geschichte des Kostüms. Die europäische Mode von den Anfängen bis zur Gegenwart*, Leipzig 1980, p. 174. Zie ook: Rolf Felbinger, *Das äußere Bild als Symbol einer weltlichen Umgestaltung: Geschichte der Mode im 16. Jahrhundert*, www.sfn.uni-muenchen.de/forschung/koerper/koerperk.html

Gezien haar kledinginventaris zou Juliana zó gekleed hebben kunnen gaan. Zij droeg ook veel juwelen zoals de hier afgebeelde voorname dame / Höfische Frauenkleidung und Schmuck der deutschen Renaissance [Lucas Cranach d. Ä 1543: Agnes von Hayn, geb. von Rabenstein. Stuttgart, Staatsgalerie]

Ausgehend von der Auflistung ihrer Kleidungsstücke könnte Juliana sich so gekleidet haben. Wie die hier abgebildete vornehme Dame trägt auch sie zahlreiche Juwelen / Höfische Frauenkleidung und Schmuck der deutschen Renaissance [Lucas Cranach d. Ä 1543: Agnes von Hayn, geb. von Rabenstein. Stuttgart, Staatsgalerie]

Dat Juliana beschikt over zulke mooie kleren en juwelen is af te leiden uit twee documenten hierover[3]. Het eerste stamt uit 1534 en somt Juliana's kledingstukken op:

- Een overkleed met mouwen (soms losse mouwen die verwisseld kunnen worden), van goudkleurige stof, lijf en rok versierd met parelen.
- Een overkleed met een wijde rok zonder versiering.
- Een overkleed van rood fluweel, het lijf is met parels versierd, de rok is belegd met grijs-groene goudkleurige stof.
- Een overkleed van bruin fluweel, het lijf is met witgouden stof belegd, de rok is versierd met een gedraaid koord van zilveren stof.
- Een overkleed van rood zijden satijn, lijf en rok zijn met blauwgrijze gouden stof belegd.
- Een paar mouwen van gouden stof met rood fluwelen banden onderbonden, zij zijn doorsneden en met wit satijn gevoerd. (In die tijd draagt men dikwijls losse mouwen, dus ook Juliana heeft enkele paren.)
- Een groen en bruin fluwelen paar handschoenen of mitaines, zij zijn beide met Pruisisch blauw geborduurd.

3
Opgave van gewaden die Juliana zijn geleverd vanuit Hanau op 30 maart 1534, Jacobs, *Juliana* p. 409-410; Inventaris van de nalatenschap van Juliana v. Stolberg, 16 juli 1580, ibidem p. 510-515.

Kleidung

Zu Julianas Zeit besteht die Garderobe einer vornehmen Frau aus folgenden Kleidungsstücken: Hemd, Halstuch, Unterkleid oder Unterrock, Brusttuch über dem Hemd (um dem Busen Halt zu verleihen), Tabbard (eine Art Überkleid, das wir heute wohl als Kleid bezeichnen würden), über dem Tabbard ein Gürtel oder ein Paternoster, Schmuckstücken, Handschuhen, Taschentuch und Kopfbedeckung (im 16. Jahrhundert hielt man das Haupt immer bedeckt, auch im Haus).
In Deutschland gab es in jenen Jahren eine ganz eigene Mode, wie man auf den Werken von Albrecht Dürer, Heinrich Aldegrever und vor allem auch auf den Gemälden von Lucas Cranach sehen kann. Auf Julianas Siegel aus dem Jahre 1523, auf dem sie in voller Länge abgebildet ist, sieht man, daß Juliana sich entsprechend der deutschen Mode kleidet. Sie trägt auf diesem Siegel ein Überkleid, wobei Rock und Mieder um das Jahr 1520 meist getrennt sind. Dabei wird die Halslinie höher. Die an verschiedenen Stellen zusammengebundenen Ärmel sind an mehreren Stellen aufgeschnitten, so daß die Ärmel des Unterkleides zu sehen sind. Diese sogenannte „Schlitzmode" setzt sich später auch in anderen europäischen Ländern durch.
Julianas Rock ist mit Besatz verziert. Sie trägt eine (wahrscheinliche leinene) mit Bändern und Schleifen umwundene oder einem seidenen Netz bedeckte Kappe. Man kann nicht erkennen, ob die Kappe mit einem Schleier versehen ist[1]. Erika Thiel, deutsche Kostüm-Expertin, nennt diese Kopfbedeckung "Kugelhaube"[2]. Viele dieser Details kann man auf dem abgedruckten Gemälde von Lucas Cranach sehen, auf dem man auch die Juwelen deutlich erkennt. Die teuren Stoffe, die schweren Hals- und Gürtelketten und Ringe bieten ausreichend Gelegenheit, Reichtum zur Schau zu stellen.

Daß Juliana kostbare Kleider und Juwelen besitzt, ist zwei Dokumenten zu diesem Thema zu entnehmen[3]. Das erste Dokument, eine Auflistung von Julianas Kleidungsstücken, stammt aus dem Jahre 1534.

- Ein Überkleid mit Ärmeln, zum Teil mit losen Ärmeln, die ausgetauscht werden können, aus goldfarbenem Stoff, Oberteil und Rock mit Perlen bestickt;
- ein Überkleid mit weitem Rock ohne Verzierung;
- ein Überkleid aus rotem Samt, das Oberteil mit Perlen bestickt, der Rock mit grau-grünem goldfarbenem Stoff abgesetzt;
- ein Überkleid aus braunem Samt, das Oberteil mit weißgoldenem Stoff abgesetzt, der Rock mit einer Kordel aus silberfarbenem Stoff verziert;
- ein Überkleid aus rotem Seidensatin, Oberteil und Rock mit blaugrauem goldenem Stoff abgesetzt;
- ein Paar lose Ärmel aus Goldstoff mit roten Samtbändern umwickelt, mit Schlitzen versehen und mit weißem Satin gefüttert (zu jener Zeit hat man lose Ärmel, die man austauschen kann; auch Juliana besitzt einige Paar davon);
- zwei paar Handschuhe oder Mitaine (fingerlose Handschuhe) aus grünem und braunem Samt, bestickt in Preußisch blau.

Volgens het tweede document, een inventaris van door Juliana nagelaten geld en lijfsieraden, bezit zij een aardige hoeveelheid kleinodiën: diverse gouden en zilveren armbanden, al dan niet bezet met robijnen, smaragden, parels, diamanten of andere edelstenen; een paar ringen. Verder heeft ze allerlei accessoires, zoals paternosters, onder meer van zwarte kralen en van kornalijn met geëmailleerde kralen; een uurwerk dat ze om de hals draagt; een borstdoek met parelen versierd om het décolleté af te dekken. Ten slotte beschikt ze natuurlijk ook over verschillende hoofdbedekkingen. Volgens de inventaris bezit Juliana gebreide en geborduurde mutsen, sommige met parelen versierd.

Rouwkleding

Voor hoogadellijke vrouwen als Juliana is het gewoonte om na het overlijden van de echtgenoot de rest van het leven rouwkleding te dragen. Daarbij doen weduwen meestal ook afstand van opsmuk en tooi. De rouw symboliseert de afkerigheid van het aardse leven door kleurnegatie (zwart is de kleurnegatie van de nacht), maar ook door verhulling van de gestalte. Naast dit zwart is de enig toelaatbare kleur wit – en soms paars. Wit wordt beschouwd als teken van onschuld en reinheid alsook van de herleving na de dood.
Op het portret van 1574 is Juliana als weduwe te zien. Zij draagt zwarte rouwkleding gecombineerd met een witte hoofddoek met een eveneens witte kindoek die haar hals bedekt en de omsluiting van haar hoofd voltooit. De omhulling van het hoofd is eveneens een teken van afkerigheid van de wereld – denk aan de kappen van monniken en nonnen. Op het latere portret zien wij Juliana eveneens in zwarte rouwkledij met witte voering van de mouwen en een witte sluierachtige hoofdbedekking. Let op de ringen die ze draagt!

Zo gingen in 1514 boeren gekleed in de omgeving van Hanau. In die tijd wonen in de stad Hanau zo'n 250 families; de meesten werken als boer. 's Zomers luidt 's morgens om 4 uur de klok van Hanau ten teken dat het werk begint; de avondklok luidt om 9 uur, teken om naar bed te gaan / Bauerntracht aus der Gegend von Hanau 1514 [Ernst J. Zimmermann, Hanau. Stadt und Land,
Hanau 1903, S. LIX, 259, 473]

So kleiden sich die Bauern in der Umgebung von Hanau um das Jahr 1514. Damals wohnen etwa 250 Familien in der Stadt Hanau; die meisten sind Bauern. Im Sommer läutet morgens um 4
Uhr die Glocke von Hanau; zum Zeichen dafür, daß die Arbeit beginnt; um 9 Uhr gibt die Abendglocke das Zeichen zum Schlafengehen. [Ernst J. Zimmermann, Hanau. Stadt und Land, Hanau 1903,
S. LIX, 259, 473

Met medewerking van M.A. Ghering–van Ierlant, auteur van Mode in de Zuidelijke Nederlanden 1490-1530, Bergen op Zoom 1985, en Mode in Prent 1550-1914, catalogus Haags Gemeentemuseum 1988.

Aus dem zweiten Dokument, einem Inventar des von Juliana hinterlassenen Geldes und der Schmuckstücke, die sie am Leibe trug, geht hervor, daß sie eine Reihe von Kleinodien besitzt: verschiedene goldene und silberne Armbänder, zum Teil mit Rubinen, Smaragden, Perlen, Diamanten oder anderen Edelsteinen besetzt und einige Ringe. Außerdem hat sie eine Reihe von Accessoires, wie z.B. „Paternoster", aus u. a. schwarzen Glasperlen und aus Karneol mit emaillierten Glasperlen; ein Uhrwerk, das sie um den Hals trägt und ein mit Perlen besetztes Brusttuch um den Ausschnitt zu bedecken. Schließlich besitzt sie natürlich auch verschiedene Kopfbedeckungen; laut Inventar gestrickte und bestickte Mützen, einige mit Perlen verziert.

Trauerkleidung. Damen des Hochadels wie Juliana tragen nach dem Tod ihres Ehegatten für den Rest ihres Lebens Trauerkleidung. Meist verzichten die Witwen auch auf Putz und Schmuck. Die Trauer symbolisiert durch Farbnegation (Schwarz ist die Farbnegation der Nacht) und das Verhüllen der Gestalt die Abkehr vom irdischen Leben. Abgesehen von Schwarz sind Weiß – und manchmal auch Lila – die einzig möglichen Farben. Weiß wird als Zeichen der Unschuld und Reinheit und des Lebens nach dem Tode betrachtet.
Das Porträt aus dem Jahre 1574 zeigt Juliana als Witwe. Sie trägt schwarze Trauerkleidung mit einem weißen Kopftuch und einem ebenfalls weißen Kinntuch, das ihren Hals bedeckt und den ganzen Kopf umschließt. Durch das Umhüllen des Kopfes zeigt man ebenfalls die Abkehr von der Welt – wie auch Nonnen und Mönche es tun. Auf dem späteren Porträt sieht man Juliana ebenfalls in schwarzer Trauerkleidung mit weiß gefütterten Ärmeln und einer weißen schleierartigen Kopfbedeckung. Achten Sie auf die Ringe, die Juliana trägt!

1
J.H. der Kinderen-Besier, *Modemetamorphosen. De kleedij onzer voorouders in de zestiende eeuw*, 1933, S. 107..

2
Erika Thiel, *Geschichte des Kostüms. Die europäische Mode von den Anfängen bis zur Gegenwart*, Leipzig 1980, S. 174. Siehe auch: Rolf Felbinger, *Das äußere Bild als Symbol einer weltlichen Umgestaltung: Geschichte der Mode im 16. Jahrhundert*, www.sfn.uni-muenchen.de/forschung/koerper/koerperk.html

3
Auflistung der Gewänder, die Juliana am 30. März 1534 aus Hanau geliefert wurden, Jacobs, *Juliana* S. 409-410; Inventar der Hinterlassenschaft von Juliana v. Stolberg, 16. Juli 1580, ebenda S. 510-515.

Mit Unterstützung von M.A. Ghering–van Ierlant, Autor von „Mode in de Zuidelijke Nederlanden 1490-1530", Bergen op Zoom 1985, und „Mode in Prent 1550-1914", Katalog Gemeentemuseum Den Haag,1988.

8. Op reis

Tijdens haar toch wel lange leven – ze wordt 74 jaar – reist gravin Juliana veel. Om te beginnen woont ze niet altijd in Dillenburg. Met een zekere regelmaat verblijven de Nassaus in Siegen of Beilstein waar ze ook bezittingen hebben. De stad Siegen bereiken zij via een tocht van zo'n dertig kilometer door het Westerwald. Boven de stad uit steekt het familieslot, waar zoals hierboven beschreven Juliana in 1522 de doop van de dochter van Willem van Nassau bijwoonde; beiden waren toen nog met een ander getrouwd. Door een erfenis verwerven de Nassaus ook het nabijgelegen Beilstein, waar zich eveneens een (inmiddels afgebroken) kasteel bevindt. Dit kasteel zal de treurige bestemming worden van Juliana's schoondochter Anna van Saksen (zie hoofdstuk 9).
De overige reizen van Juliana betreffen vrijwel zonder uitzondering familiebezoek: aan haar eigen Stolbergse verwanten en aan haar Hanause en Nassause kinderen en kleinkinderen. Zo reist Juliana na haar tweede huwelijk enkele malen naar haar geliefde Harz, waar ze geboren en getogen is. Ze verblijft dan bij haar familie op de beide familiekastelen te Wernigerode en Stolberg. Ook bezoekt ze haar daar wonende zusters, zoals de abdis van Quedlinburg. Met haar broers onderhoudt Juliana eveneens goede betrekkingen. Vooral haar lievelingsbroer Ludwig, 'Lutz', ziet ze zo vaak ze kan. Gelukkig woont hij niet zo ver weg sinds hij oom Eberhard is opgevolgd als heer van Königstein. Dat Juliana erg op hem gesteld is, blijkt uit de intieme toon van haar brieven aan hem. Op schertsende toon verwijt ze hem eens 'dass du nimmer zu deiner Juliana kommst und ihrer gar vergisst', en voegt toe dat 'ich dich herzlich gern bei mir hätt'. Ze ondertekent met 'Juliana dein meyt'.
Familiegebeurtenissen als geboorte, doop en huwelijk vormen meestal een concrete aanleiding voor Juliana om op reis te gaan. Zij is dan ook herhaaldelijk aanwezig bij of na de geboortes van neefjes en nichtjes, later van kleinkinderen. In 1538 begint de lange rij huwelijken van haar kinderen, die tot 1576 zal duren. Het eerste kind dat trouwt is de vijftienjarige stiefdochter Magdalena. Voor haar uitzet worden in de grote stad Frankfurt voor 748 gulden aankopen gedaan. In de jaren hierna trouwen eerst haar oudere Hanause kinderen, waarvoor Juliana onder meer naar Hanau reist. Natuurlijk neemt zij altijd graag deel aan de feestelijke *Heimführungen* van haar (klein)dochters, zowel de Hanause als de Nassause. Zo vertrekt dochter Anna, in 1559 bij het driedubbele huwelijk op de Dillenburg in de echt verbonden met Graaf Albrecht van Nassau-Weilburg, korte tijd hierna op *Heimfahrt* naar de fonkelnieuwe residentie van haar bruidegom in het nabijgelegen

8. Auf Reisen

Im Laufe ihres langen Lebens – sie wird 74 Jahre alt – ist Gräfin Juliana häufig auf Reisen. Zunächst einmal wohnt sie nicht ständig in Dillenburg, da die Familie Nassau sich oft in Siegen oder Beilstein aufhält, wo man ebenfalls Besitztümer hat. Die Stadt Siegen erreicht man auf einer Reise von rund dreißig Kilometern durch den Westerwald. Dort erhebt sich über der Stadt das Familienschloß, wo Juliana, wie oben erwähnt, im Jahre 1522 der Taufe der Tochter von Wilhelm von Nassau beiwohnt; damals hatten beide noch einen anderen Ehepartner. Die Nassaus erben auch das nahe gelegene Beilstein, wo sich ebenfalls ein (inzwischen abgerissenes) Schloß befindet, das der traurige Zufluchtsort von Julianas Schwiegertochter Anna von Sachsen werden sollte (siehe Kapitel 9).

Bei Julianas übrigen Reisen handelt es sich praktisch ausnahmslos um Familienbesuche; sie sucht ihre eigene Verwandtschaft in Stolberg und ihre Kinder und Enkel in Hanau und Nassau auf. So reist Juliana nach ihrer zweiten Eheschließung einige Male in ihren geliebten Harz, wo sie geboren und aufgewachsen ist. Auf diesen Reisen wohnt sie dann bei ihrer Familie auf den Familienschlössern Wernigerode und Stolberg oder besucht ihre dort wohnenden Schwestern, wie die Äbtissin von Quedlinburg. Zu ihren Brüdern hat Juliana ebenfalls gute Beziehungen. Vor allem ihren Lieblingsbruder Ludwig, „Lutz", sieht sie, so oft es geht. Glücklicherweise wohnt er, seit er die Nachfolge von Onkel Eberhard als Herr von Königstein angetreten hat, nicht weit entfernt. Daß Juliana sehr viel von ihm hält, kann man dem vertrauten Ton ihrer an ihn gerichteten Briefe entnehmen. Scherzend wirft sie ihm beispielsweise vor, „daß du nimmer zu deiner Juliana kommst und ihrer gar vergißt", fügt hinzu, daß „ich dich herzlich gern bei mir hätt" und unterzeichnet mit „Juliana dein meyt".

Wichtige familiäre Ereignisse wie eine Geburt, Taufe oder Eheschließung sind für Juliana ein konkreter Grund, um eine Reise anzutreten. So besucht sie Familienangehörige zunächst anläßlich der Geburt von Neffen und Nichten und später zur Geburt ihrer Enkelkinder. 1538 beginnt die lange Reihe der Eheschließungen ihrer Kinder, die sich bis 1576 hinzieht. Als erstes Kind heiratet die fünfzehnjährige Stieftochter Magdalena, für deren Aussteuer in der großen Stadt Frankfurt 748 Gulden ausgegeben werden. In den darauf folgenden Jahren heiraten Julianas ältere Hanauer Kinder, so daß die Mutter unter anderem einige Male nach Hanau reist. Natürlich nimmt sie gerne an den festlichen

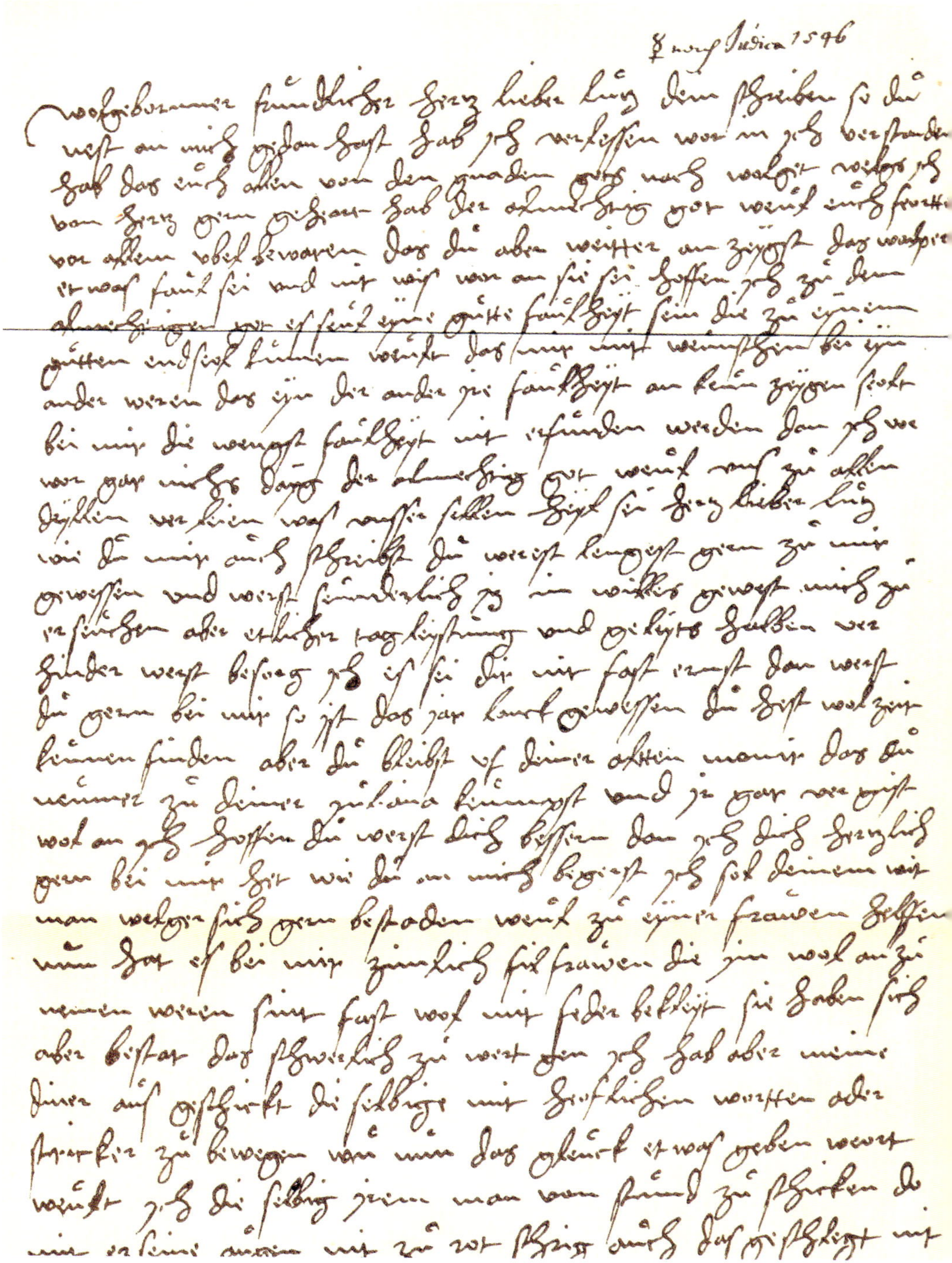

Mitwoch Judica 1546

Wolgeborner frundlicher hertz lieber lutz …

Brief van Juliana aan haar broer Ludwig, 14 april 1546 (rechtsboven: Mittwoch nach Judica 1546). De aanhef luidt: 'Wolgeborner frundlicher hertzlieber Lutz'. [LHASA, MD Wernigerode]

Brief Julianas an ihren Bruder Ludwig, 14. April 1546 (rechts oben: Mittwoch nach Judica 1546). Die Anrede lautet: 'Wolgeborner frundlicher hertzlieber Lutz'. [LHASA, MD Wernigerode]

Juliana's dochter Elisabeth, gehuwd met Konrad v. Solms-Braunfels. [Naar een portret in Slot Braunfels]

Julianas Tochter Elisabeth (links), verheiratet mit Konrad von Solms-Braunfels. [Nach einem Porträt in Schloss Braunfels]

Op Slot Braunfels woont Juliana's dochter Elisabeth. Het slot is te bezichtigen. [Prentbriefkaart]

Schloß Braunfels (unten). Hier wohnt

Heimführungen sowohl ihrer Töchter und Enkelinnen aus Hanau, als auch derer aus Nassau teil. Tochter Anna, die 1559 bei der dreifachen Hochzeit auf der Dillenburg Graf Albrecht von Nassau-Weilburg heiratet, kommt kurz nach ihrer Hochzeit auf der *Heimfahrt* in die funkelnagelneue Residenz ihres Bräutigams im nahe gelegenen Weilburg. Ihr Schwiegervater ist zu diesem Zeitpunkt schon fast fünfundzwanzig Jahre mit dem Bau des hoch über der Lahn gelegenen Schlosses im Renaissancestil beschäftigt. Nachdem Annas Mitgift von 6000 Gulden gezählt, in Säcke verpackt und dem Bräutigam übergeben worden ist, reist Juliana mit ihren Töchtern und Schwiegertöchtern in sechs behangenen Kutschen und mit drei Gepäckwagen nach Weilburg. 350 Pferde sind nötig, um die ganze Dillenburger Gesellschaft mit Gepäck und Geschenken nach Hause zu transportieren. Kurz danach findet die *Heimführung* der siebzehnjährigen Tochter Elisabeth in die Burg ihres Bräutigams Konrad von Solms-Braunfels[38] statt.

In den darauf folgenden Jahren wohnt Juliana den Hochzeiten von unter anderem ihrer Tochter Catharina mit Günther von Schwarzburg (1560) und ihrer Tochter Juliana mit dessen Bruder Albrecht (1576) bei. Beide Töchter ziehen nach Thüringen. Die Beschreibung der Speisen und Getränke des festlichen *Beilagers* und der *Heimführung* von Catharina und Günther im thüringischen Arnstadt ist erhalten geblieben. Man kann ihr entnehmen, daß hunderte Fässer Bier und gut tausend Fässer Landwein vorrätig waren. Außerdem werden angeschafft: 120 Hirsche, 116 Rehe, 150 Wildschweine, 850 Hasen, 300 Rebhühner, 20 Schwäne, 24 Pfaue, 100 Ochsen, 1000 Schafe und einiges mehr.[39]

Nach dem Tod ihres Ehegatten begibt Juliana sich noch öfter auf Reisen. 1561 besucht sie erst ihre Enkel in Hanau und später Wilhelm von Oranien in Breda. 1563 ist sie unter anderem in Braunfels, Spa, Ems und wieder in Breda, und in den Jahren danach bei ihrer Stieftochter Magdalena in Moers, bei Tochter Elisabeth in Braunfels, auf Schloß Rheda in Westfalen bei der Familie Bentheim-Tecklenburg, und an anderen Orten. Weil Reisen damals viel Zeit kostet, bleibt Juliana oft jeweils mehrere Wochen oder sogar Monate vor Ort. 1563 schreibt sie einem ihrer Brüder, daß sie im Jahr davor insgesamt drei Monate

38
Das Großherzögliche Haus von Luxemburg stammt unmittelbar von Albrecht und Anna von Nassau-Weilburg ab. Konrad und Elisabeth von Solms-Braunfels sind die Großeltern von Amalia, der späteren Ehegattin von Friedrich Heinrich von Oranien.

39
Jacobs, *Juliana* S. 433-436.

Weilburg. Haar schoonvader is al bijna vijf-en-twintig jaar bezig met de bouw van het hoog boven de rivier de Lahn gelegen slot in renaissancestijl. Nadat Anna's bruidsschat van 6000 gulden is uitgeteld, in zakken gepakt en overhandigd aan de bruidegom, reist Juliana met haar dochters en schoondochters in zes behangen koetsen, gevolgd door drie bagagewagens, naar Weilburg. Niet minder dan 350 paarden zijn nodig om het gehele Dillenburgse gezelschap met alle bagage en geschenken te vervoeren. Vrij spoedig hierna is er de *Heimführung* van de 17-jarige dochter Elisabeth naar de burcht van haar bruidegom Konrad van Solms-Braunfels[38].

De jaren daarop woont Juliana de huwelijksfeesten bij van onder meer haar dochter Catharina met Günther von Schwarzburg (1560) en haar dochter Juliana met diens broer Albrecht (1576). Beide dochters verhuizen naar Thüringen. Van het feestelijke *Beilager* en de *Heimführung* van Catharina en Günther in de Thüringse stad Arnstadt zijn lijsten met spijzen en dranken bewaard gebleven. Hierop is te lezen dat honderden vaten bier en ruim duizend vaten landwijn beschikbaar zijn. Verder zijn ingeslagen: 120 herten, 116 reeën, 150 wilde zwijnen, 850 hazen, 300 patrijzen, 20 zwanen, 24 pauwen, 100 ossen, 1000 schapen, en zo voort[39].

Ridders tijdens een toernooi. Bij de uitgebreide feestelijkheden rond het huwelijk van Juliana's zoon Filips III van Hanau in 1551 in Heidelberg vindt als bijzonder schouwspel een toernooi plaats. Reinhard van Hanau, broer van de bruidegom, neemt hieraan deel. [Heinrich Göding d. Ä., 16e eeuw, Sächsische Landesbibliothek, Dresden].

Ritter im Turmierkampf. Bei den ausgedehnten Feierlichkeiten anläßlich der Hochzeit von Julianas Sohn Philipp III. von Hanau 1551 in Heidelberg findet als besonderes Schauspiel ein Turnier statt. Reinhard von Hanau, Bruder des Bräutigams, nimmt daran teil. [Heinrich Göding d. Ä., Ende 16 Jh., Sächsische Landesbibliothek, Dresden]

Na de dood van haar echtgenoot gaat Juliana nog vaker op stap. In 1561 vinden we haar eerst bij kleinkinderen in Hanau, later bij Willem van Oranje in Breda. In 1563 is ze onder meer in Braunfels, Spa, Ems en weer Breda, het jaar erop bij haar stiefdochter Magdalena in Meurs, bij dochter Elisabeth in Braunfels, op slot Rheda (Westfalen) bij de familie Bentheim-Tecklenburg, en zo gaat het door. Omdat reizen veel tijd kost, strekken Juliana's bezoeken zich dikwijls uit over enige weken, zo niet maanden. In 1563 schrijft Juliana aan een van haar broers, dat zij het afgelopen jaar bij elkaar opgeteld drie maanden van huis is geweest. Veel later, na het huwelijk van haar dochter Juliana (1575), blijft ze zelfs drie hele

38
Het Groothertogelijk Huis van Luxemburg stamt rechtstreeks van Albrecht en Anna van Nassau-Weilburg af; Konrad en Elisabeth van Solms-Braunfels zijn de grootouders van Amalia, de latere echtgenote van Frederik Hendrik van Oranje.

39
Jacobs, *Juliana* p. 433-436.

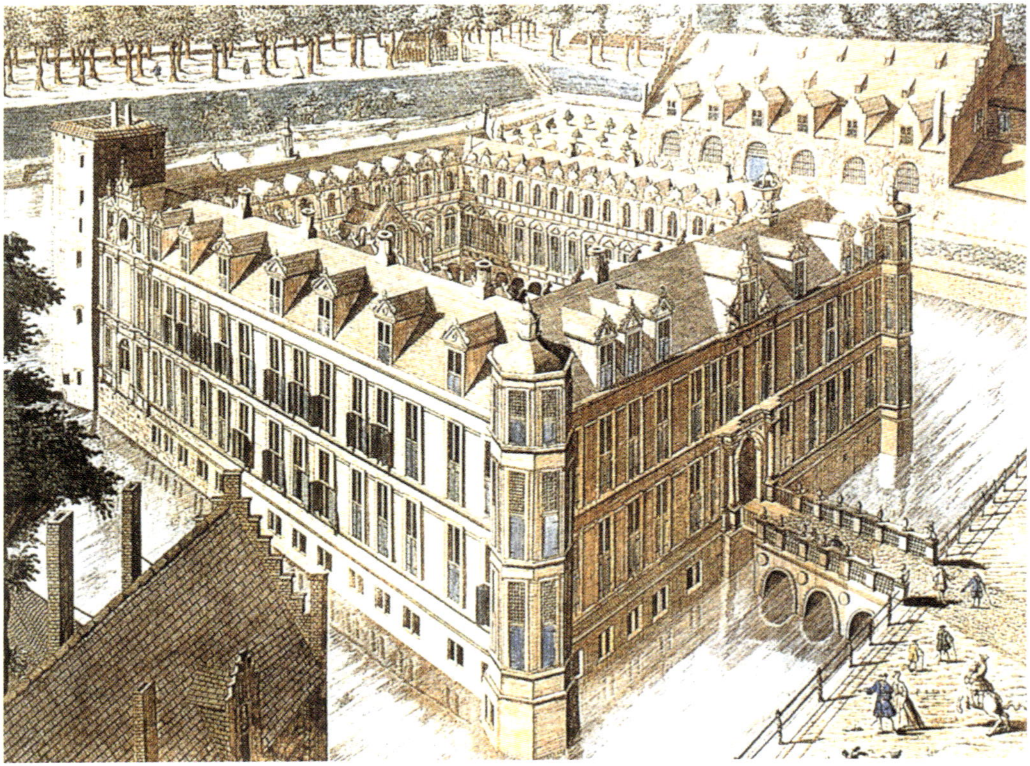

Kasteel van Breda: op dit schitterende renaissanceslot van haar zoon Willem van Oranje heeft Juliana vertoefd. Het was verbouwd en verfraaid door haar zwager Hendrik III van Nassau. Sinds 1828 is hierin de Koninklijke Militaire Academie (KMA) gevestigd. [Bezit KMA]

Schloß Breda: In dem prächtigen Renaissanceschloß ihres Sohnes Wilhelm von Oranien hat sich Juliana aufgehalten. Ihr Schwager Heinrich III. von Nassau hatte es umbauen und verschönern lassen. Seit 1828 befindet sich hier die Königliche Militärakademie (KMA). [Eigentum KMA]

von zu Hause weggewesen ist. Viel später, nach der Eheschließung ihrer Tochter Juliana (1575), bleibt sie ganze drei Monate in Thüringen, so daß die Familie in Dillenburg beginnt, sich Sorgen über die lange Abwesenheit der *Frau Mutter* zu machen.

Einige andere Reisen unternimmt die Gräfin von Nassau wegen ihrer Gesundheit. Sie leidet an Nieren- und Blasensteinen und reist auf Anraten ihres Arztes 1560 nach Spa, um dort im heilsamen eisen- und mineralstoffhaltigen Wasser zu kuren. Ihr Sohn Johann sorgt dafür, daß sie mit Wildbret und allem anderen, was sie nötig hat, versorgt wird. Vier Jahre später kurt die dann fast Sechzigjährige in Bad Ems, von wo aus sie nach Breda weiter reist, wo ihr Sohn Prinz Wilhelm residiert.

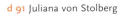

Denn natürlich besucht Juliana auch die Niederlande, wo mehrere ihrer Kinder wohnen. Zunächst ist Juliana einige Male im prächtigen, fast neuen Schloß ihres Sohnes Wilhelm von Oranien in Breda zu Gast, wo sich auch einige ihrer anderen Kinder und einige ihrer Enkelkinder längere Zeit aufhalten. Prinz Wilhelm lebt auf großem Fuß und ist in seinem Schloß von beeindruckender Pracht und viel Glanz umgeben. Auf seine Mutter, die zu Hause auf der Dillenburg bedeutend schlichter lebt, wirkt der Hofstaat in Breda etwas

maanden achtereen in Thüringen. De familie in Dillenburg begint zich al ongerust te maken over de langdurige afwezigheid van de *Frau Mutter*.

Sommige reizen van de Gravin van Nassau zijn aan haar gezondheid gewijd. Ze heeft last van graveel (nier/blaassteen) en gaat op advies van haar arts in 1560 naar Spa om daar een kuur te nemen in het verkwikkende ijzerhoudende en mineralen bevattende bronwater. Haar zoon Jan zorgt ervoor dat ze er voorzien wordt van wild en andere benodigdheden. Vier jaar later doet de dan bijna zestigjarige eerst een kuur in [Bad] Ems alvorens verder te reizen naar Breda, waar haar zoon prins Willem resideert.

Want natuurlijk bezoekt zij ook de Nederlanden, waar diverse kinderen wonen. Om te beginnen is Juliana enkele malen te gast in het schitterende, vrij nieuwe paleis van haar zoon Willem van Oranje in Breda. Zoals boven opgemerkt verblijven enkele van haar kinderen en kleinkinderen hier langere tijd. De prins leeft er op grote voet, omgeven door indrukwekkende pracht en praal. Naar de smaak van zijn moeder, die thuis op de Dillenburg beduidend minder staatsie voert, is het Bredase hofleven aan de overdadige kant.

Ook is Juliana enige malen te gast op kasteel Bergh in de Gelderse Achterhoek. Hier woont dochter Maria sinds haar huwelijk met graaf Willem van den Bergh. Bij dit paar, dat uiteindelijk acht zoons en acht dochters krijgt, gaat (groot)moeder Juliana graag op bezoek – tot het grafelijke gezin in 1567 door de politieke omstandigheden in de Nederlanden het familieslot moet verlaten.

De zoon van Karel V, koning Filips II van Spanje, heeft namelijk bepaald dat in de Nederlanden alleen het katholicisme is toegestaan – andersdenkenden moeten hun heil maar elders zoeken. Als ze toch blijven, worden ze vervolgd als ketter en rebel. Willem van Oranje laat weten het hier niet mee eens te zijn; mensen mogen niet omwille van hun geweten vervolgd worden. Velen sluiten zich bij Oranje aan – onder wie deze schoonzoon op Huis Bergh. Maar zijn steun aan zijn zwager Oranje in het verzet tegen de koning van Spanje zal hem duur komen te staan en zijn gezin in diepe ellende storten. Ook prins Willem zelf besluit in ballingschap te gaan. De volgende jaren zal Juliana direct betrokken raken bij de vrijheidsstrijd in de Nederlanden.

Juliana is vaak in Thüringen waar haar dochters Katharina en Juliana, beiden getrouwd met een Graaf van Schwarzburg, wonen. Deze blik op kasteel Schwarzburg schilderde Koningin Wilhelmina in 1900 [olieverf op doek, 24 x 27,5, Stichting Historische Verzamelingen van het Huis Oranje-Nassau].

Juliana ist oft in Thüringen wo ihre Töchter Katharina und Juliana, beide verheiratet mit einem Grafen von Schwarzburg, wohnen. Dieser Blick auf Schloß Schwarzburg wurde 1900 von der niederländischen Königin Wilhelmina gemalt.

Kasteel Bergh in Gelderland; hier woont Juliana's dochter Maria.

Auf Schloß Bergh (Gelderland) wohnt Julianas Tochter Maria.

'Maria greffin zu Nassau', Handtekening van Juliana's dochter Maria, getrouwd met graaf Willem van den Bergh.

'Maria greffin zu Nassau', Unterschrift von Julianas Tochter Maria, verheiratet mit Graf Willem van den Bergh.

zu verschwenderisch.

Juliana ist auch einige Male Gast auf Schloß Bergh im niederländischen Gelderland, wo ihre Tochter Maria seit ihrer Eheschließung mit Graf Wilhelm van den Bergh lebt. Das Paar bekommt insgesamt acht Söhne und acht Töchter und (Groß-)Mutter Juliana ist dort gerne zu Besuch, bis die gräfliche Familie 1567 aufgrund der politischen Lage in den Niederlanden (dem Aufstand gegen den spanischen König) das Familienschloß verlassen muß.

Der Sohn von Karl V., König Philipp II. von Spanien läßt nämlich in den Niederlanden ausschließlich den katholischen Glauben zu – Andersdenkende müssen das Land verlassen. Wer sich weigert, diesem Dogma Folge zu leisten, wird als Ketzer und Rebell verfolgt. Wilhelm von Oranien macht deutlich, daß er mit diesem Zustand nicht einverstanden ist: Menschen dürfen nicht aufgrund ihrer Überzeugungen verfolgt werden. Viele schließen sich Wilhelm an, auch Julianas Schwiegersohn auf Huis Bergh. Seine Unterstützung für den Schwager Oranien im Widerstand gegen den König von Spanien kommt ihn teuer zu stehen und stürzt seine Familie ins Elend. Auch Prinz Wilhelm selbst beschließt, ins Exil zu gehen, so daß Juliana in den kommenden Jahren unmittel-

9. Familietroebelen

Juliana's leven kent veel goede momenten, maar vanzelfsprekend ook kwade. Zowel in haar eigen familie Stolberg als in de families Hanau en Nassau krijgt zij herhaaldelijk te maken met moeilijkheden, de ene keer ernstiger dan de andere. De opstand onder leiding van Thomas Müntzer in Stolberg in 1525 en het decennia durende geschil om het bezit van Katzenelnbogen zijn hierboven gememoreerd. Maar er zijn meer problemen. Daarbij gaat het aanvankelijk vooral om geld en/of goederen, later om politieke en familiaire zaken.

Catharina van Stolberg en de erfeniskwestie Henneberg. Juliana's jongste zuster Catharina van Stolberg sinds het overlijden van haar man vorst Albrecht von Henneberg-Aschach in 1549 geplaagd door een hoogopgelopen ruzie over de erfenis. Na een mislukte poging tot verzoening onder supervisie van keizer Karel V probeert Juliana's echtgenoot Willem de Rijke te bemiddelen. Vergeefs, zo blijkt. Als hij overlijdt, is het geschil nog steeds niet opgelost. Daarom probeert Juliana het nu zelf via haar zoon Willem van Oranje. In de nazomer van 1560 schrijft ze hem hierover en vraagt hem 'mijn lieve zuster niet in de steek te laten'. Ook Catharina stuurt een brief waarin ze de kwestie uiteenzet. Oranje doet inderdaad zijn best, maar het levert niets op. Twee jaar later klaagt Catharina nogmaals haar nood bij Oranje. Ze zit door de erfeniskwestie in geldnood, zo verklaart ze, en vraagt of Oranje haar duizend gulden kan verstrekken. Juliana vraagt ook haar broer Ludwig om hulp – maar de kwestie wordt niet opgelost[40].

Broedertwist Stolberg. Een andere kwestie die Juliana bezighoudt is een vete tussen haar vier broers Ludwig, Heinrich, Albrecht Georg en Christoph die vanaf 1552 telkens weer oplaait. Ook hier gaat het om geld en bezittingen. Het graafschap Stolberg is in financiële problemen door onhandige investeringen, slecht beheer en een al te uitbundig en kostbaar hofleven. In plaats dat de broers de moeilijkheden gezamenlijk te lijf gaan, maken ze onderling ruzie, en dat ook nog op vaak onverkwikkelijke wijze. Vooral Albrecht Georg is een heethoofd en stokebrand. Hij verbiedt zijn broer Heinrich zelfs een keer de toegang tot slot Wernigerode, waarop deze tot zijn grote woede elders onderdak moet zoeken. Zowel Juliana als haar zuster Anna, de abdis van Quedlinburg, doen hun best een verzoening te bewerkstelligen. In 1563 schrijft Juliana aan Albrecht Georg dat ze met 'beschwertem Gemüt' over de onenigheden heeft gehoord. Als ze zo doorgaan komt

40
Jacobs, *Juliana*, p. 233-234; p. 244-245; p. 432-433; www.inghist.nl/Onderzoek/Projecten/WvO/brief/3937-3941; brief 5503.

9. Familienwirren

Julianas Leben kennt viele positive Seiten, aber natürlich bleiben ihr Schwierigkeiten nicht erspart. Sowohl ihre eigene Familie Stolberg als auch die Familien Hanau und Nassau müssen wiederholt zum Teil große Probleme meistern. Der Aufstand unter Führung von Thomas Müntzer in Stolberg 1525 und der Jahrzehnte andauernde Konflikt um den Besitz von Katzenelnbogen wurden bereits erwähnt. Aber daneben gibt es noch andere Schwierigkeiten, wobei es zunächst vor allem um Geld und Besitz und später um politische und familiäre Angelegenheiten geht.

Catharina von Stolberg und die Erbschaftsfrage Henneberg. Julianas jüngste Schwester Catharina von Stolberg plagt sich seit dem Tode ihres Mannes Fürst Albrecht von Henneberg-Aschach im Jahr 1549 mit einem eskalierten Erbschaftsstreit. Im Anschluß an einen fehlgeschlagenen Versöhnungsversuch seitens Kaiser Karls V. versucht Julianas Ehemann Wilhelm der Reiche – abermals vergeblich, wie sich später herausstellte – in der Sache zu vermitteln. Da zum Zeitpunkt seines Todes der Konflikt noch immer nicht beigelegt ist, versucht Juliana über ihren Sohn Wilhelm von Oranien die Sache selbst in die Hand zu nehmen. Im Spätsommer 1560 schreibt sie ihm mit der Bitte „meine liebe Schwester nicht im Stich zu lassen". Auch Catharina selbst schickt Wilhelm einen Brief, in dem sie den Konflikt erläutert. Er bemüht sich sehr, erreicht aber nichts, so daß Catharina ihm zwei Jahre später nochmals ihr Leid klagt. Sie erläutert, daß sie durch die Erbschaftsfrage in Geldnöte geraten ist und bittet Wilhelm, ihr tausend Gulden zur Verfügung zu stellen. Juliana bittet auch ihren Bruder Ludwig um Hilfe – der Streit aber wird nicht beigelegt.[40]

Juliana's broers maken veel schulden. Op deze schandprent uit 1559 staat rechts haar broer Ludwig. Hij tilt de staart van het plassende dier [waarschijnlijk een paard] op en houdt zijn zegel in de hand. De prent ontstond in verband met het niet terugbetalen van een door Joachim von der Schulenburg aan Ludwig en Albrecht Georg von Stolberg geleende geldsom van 4000 gulden. Boven ziet men de burgemeesters en raadsleden van de steden Heringen, Stolberg, Wernigerode en Kelbra die borg stonden. [LHASA, MD Rep. H Stolberg-Wernigerode, H.A. A 20, Fach 4-10 Nr. 42, Bl. 8 (fragment)]

Julianas Brüder machen oft Schulden. Auf diesem Schandbild aus dem Jahre 1559 sieht man rechts ihren Bruder Ludwig. Er hebt dem urinierenden Tier [wahrscheinlich ein Pferd] den Schwanz hoch und hält sein Siegel in der Hand. Das Schandbild entstand in Zusammenhang mit der nicht pünktlich erfolgten Rückzahlung der Summe von 4000 Gulden, die Joachim von der Schulenburg den Grafen Ludwig und Albrecht Georg zu Stolberg geliehen hatte. Oben sieht man die Bürgen, die Bürgermeister und Räte der Städte Heringen, Stolberg, Wernigerode und Kelbra. [LHASA, MD Rep. H Stolberg-Wernigerode, H.A. A 20, Fach 4-10 Nr. 42, Bl. 8 (Ausschnitt).

Bruderzwist Stolberg. Ein anderes Problem, das Juliana beschäftigt, ist eine Auseinandersetzung

40 Jacobs, *Juliana*, S. 233-234; p. 244-245; S. 432-433; www.inghist.nl/Onderzoek/Projecten/WvO/brief/3937-3941; Brief 5503.

Willem van Oranje verkoopt in 1567 zijn kostbaarheden om zijn veldtochten te financieren. Doek 16,5 x 22 cm., Claude Jacquand 1848. [Paleis het Loo Nationaal Museum, Apeldoorn, bruikleen Geschiedkundige Vereniging Oranje-Nassau].

Wilhelm von Oranien verkauft 1567 seine Kostbarkeiten um seine Feldzüge zu finanzieren. Leinwand 16,5 x 22 cm., Claude Jacquand 1848. [Paleis het Loo Nationaal Museum, Apeldoorn, Leihgabe Geschiedkundige Vereniging Oranje-Nassau]

volgens haar 'der alte Stolbergische Stamm in [...] Verderben und Verachtung'. Jaren later zijn de onderlinge verhoudingen enigszins verbeterd.

Opstand in de Nederlanden. De ruzies in het Huis Stolberg staan in contrast met de sterke familieband van de Nassaus. Hoe sterk deze is, blijkt tijdens de Opstand in de Nederlanden, waarin Juliana's oudste zoon Willem van Oranje de hoofdrol speelt. Voor Juliana zullen dit jaren van beproeving zijn. De ellende begint in 1567 als koning Filips II de Hertog van Alva met een goedgetraind leger naar de Nederlanden stuurt om er de orde te herstellen. De aanvoerders van het verzet tegen de koning – de Prins van Oranje, zijn broer Lodewijk, zwager Willem van den Bergh, en vele anderen – begrijpen dat ze weinig goeds te verwachten hebben. Ze besluiten geen enkel risico te nemen en wijken uit naar Duitsland, vooral naar Dillenburg. Aldus heeft Juliana de volgende jaren een groot aantal familieleden bij haar 'thuis', met name Oranje met vrouw Anna van Saksen en kinderen, alsook drie kleinzoons Van den Bergh. In die tijd spreekt het vanzelf dat een familie opkomt voor verwanten, in goede en slechte tijden. De prins arriveert in mei 1567 met een gevolg van 170 personen op het stamslot. De hoge kosten die dit met zich meebrengt zullen door zijn broer Jan netjes worden bijgehouden om later te verrekenen.

zwischen ihren vier Brüdern Ludwig, Heinrich, Albrecht Georg und Christoph, die ab 1552 immer wieder zur Sprache kommt. Auch hierbei geht es um Geld und Besitztümer. Die Grafschaft Stolberg ist durch falsche Investitionen, unsachgemäße Verwaltung und ein zu überschwengliches und kostbares Hofleben in finanzielle Probleme geraten. Anstatt die Probleme gemeinsam zu lösen, streiten die Brüder sich auf oftmals sehr unerfreuliche Art und Weise. Vor allem Albrecht Georg ist ein Hitzkopf und Unruhestifter. Einmal verbietet er seinem Bruder Heinrich sogar den Zugang zu Schloß Wernigerode, so daß dieser sich zu seinem großen Ärger eine andere Bleibe suchen muß. Sowohl Juliana als auch ihre Schwester Anna, die Äbtissin von Quedlinburg, bemühen sich, eine Versöhnung herbeizuführen. 1563 schreibt Juliana an Albrecht Georg, daß sie mit „beschwertem Gemüt" von dem Streit gehört habe. Wenn das so weiter gehe, stürze sich ihrer Ansicht nach „der alte Stolbergische Stamm in [...] Verderben und Verachtung". Jahre später bessert sich das Verhältnis der Brüder zueinander wieder etwas.

Aufstand in den Niederlanden. Die Streitereien im Hause Stolberg stehen im krassen Gegensatz zu den starken Familienbanden derer von Nassau. Wie stark diese Bande ist, zeigt sich während des Aufstandes in den Niederlanden, bei dem Julianas ältester Sohn Wilhelm von Oranien die Hauptrolle spielt. Für Juliana sind dies schwierige Jahre. Der Streit beginnt im Jahre 1567, als König Philipp II. den Herzog von Alba mit einem ausgezeichnet ausgebildeten Heer in die Niederlanden schickt um die Ordnung wiederherzustellen. Die Anführer des Widerstands gegen den spanischen König – der Prinz von Oranien, sein Bruder Ludwig, sein Schwager Wilhelm von den Bergh und viele andere – begreifen schnell, daß ihnen nichts Gutes bevorsteht. Sie wollen kein Risiko eingehen und flüchten nach Deutschland, vor allem nach Dillenburg. So beherbergt Juliana in den folgenden Jahren eine große Zahl von Familienmitgliedern bei sich „zu Hause", allen voran Wilhelm mit seiner Frau Anna von Sachsen und den Kindern und die drei kleinen Söhne der gräflichen Familie van den Bergh. In jener Zeit ist es selbstverständlich, daß eine Familie in guten und in schlechten Zeiten zusammenhält. Der Prinz kommt im Mai 1567 mit einem Gefolge von 170 Personen auf dem Stammschloß an. Die hohen Kosten seines Aufenthalts dokumentiert sein Bruder Johann genau, um sie später verrechnen zu können.

Fast alle Kinder und Schwiegerkinder von Juliana – und somit auch sie selbst – sind in den darauf folgenden Jahren in die Feindseligkeiten in den Niederlanden verwickelt. Zu Hause auf der Dillenburg ist Sohn Wilhelm ununterbrochen damit beschäftigt, neue Pläne zu schmieden und auszuführen, um Alba zu vertreiben. Seine Brüder und sein Schwager stehen bedingungslos auf seiner Seite und unterstützen ihn nicht nur mit

Monument met tekst uit 1868 van de Slag bij Heiligerlee (1568) waarbij Juliana's zoon Adolf sneuvelde. Zijn dood wordt in het vierde couplet van het Wilhelmus gememoreerd: *Graef Adolff is ghebleven, In Vriesland in den slaech.* Op de rechterzijde de tekst: 'Graaf Adolf van Nassau bleef in den roemrijken slag'. Op de linkerzijde de tekst: 'Oranje met Nederland verbonden'. Op de achterzijde de tekst: '25 mei 1868. Door het nageslacht den vaderen gewijd'.

Denkmal der Schlacht bei Heiligerlee (1568) mit Text aus dem Jahre 1868. Julianas Sohn Adolf fällt in der Schlacht. An seinen Tod erinnert die vierte Strophe der niederländischen Nationalhymne, *Wilhelmus: Graef Adolff is ghebleven, In Vriesland in den slaech.*

Plaquette met tekst: 23 mei 1568 De eerste zege in de tachtigjarige worsteling voor de vrijheid der Nederlanden

Plakette mit Text: 23. Mai 1568. De eerste zege in de tachtigjarige worsteling voor de vrijheid der Nederlanden (Der erste Sieg im achtzigjährigen Ringen um die Freiheit der Niederlande).

41
Juliana van Stolberg aan Willem van Oranje, 19-6-1574, www.inghist.nl/Onderzoek/Projecten/WVO/brief/5510.

Vrijwel alle (schoon)kinderen van Juliana zijn de komende jaren verwikkeld in de strijd in de Nederlanden – en daarmee zij zelf ook. Thuis op de Dillenburg is zoon Willem onophoudelijk bezig met het beramen en uitvoeren van plannen om Alva te verdrijven. Zijn broers en zwagers staan pal voor hem; ze steunen hem niet alleen met woorden, maar ook met daden. In 1568 doen Lodewijk en Adolf van Nassau met hun leger een inval in de Nederlanden. Bij Heiligerlee (Groningen) verslaan ze de Spaanse troepen in een veldslag, die het begin van de Tachtigjarige Oorlog markeert. Adolf, pas 27 jaar oud, sneuvelt. Zijn lijk is nooit teruggevonden.
Het verlies van deze zoon is zeker smartelijk voor Juliana. Maar het zal nog erger worden. Zes jaar later, op 15 april 1574, strijden haar twee zoons Lodewijk en Hendrik mee in een slag op de Mookerheide. Na afloop zijn ze verdwenen; hun lichamen worden niet gevonden. Dit betekent dat Juliana de volgende maanden onzeker blijft over hun lot. Ze schrijft dat iemand Lodewijk gezien schijnt te hebben – ze hoopt dat het waar is, maar vreest het ergste, of beseft dat eigenlijk al. Aan Oranje laat ze weten hoe diepbedroefd ze is: 'Ik kan 'von meiner betreubtnus nit erledigt werden' tot God mij uit dit jammerdal tot zich neemt; en ik hoop van harte en bid dat dit spoedig geschiedt. Mein Herr (d.i. Oranje) schrijft dat ons zonder de wil van God niets kan gebeuren en wij dus met geduld moeten dragen wat Hij brengt [...] Maar mensen blijven mensen en kunnen dat zonder Zijn genade niet volbrengen'[41].

Ook Juliana's dochter en schoonzoon Maria en Willem van den Bergh maken kommervolle jaren door. Het paar is aanvankelijk naar Keulen gevlucht, reist later naar Bremen. Maar het gezin kan door financiële problemen niet bijeen blijven. Graaf Willem is geheel berooid door de verbeurdverklaringen van zijn bezittingen; hij verkoopt zelfs familiejuwelen om in leven te blijven. Maria laat haar wanhoop over de situatie blijken in een brief van twee dichtbeschreven kantjes aan haar moeder: 'Ach! Mein allterliebeste fraw moder', schrijft ze, 'was ik maar zo gelukkig om bij u te zijn om met u te beraadslagen, want ik weet niet wat ik moet doen.' Ze vertelt hoe rampzalig de toestand is en noemt de schokkende gevangenname van de Graven van Egmont en Hoorne, samen met haar broer Oranje leiders van het Nederlandse verzet. Ze

Portretten van de drie zoons die Juliana bij de Nederlandse Opstand verliest: Lodewijk, Adolf en Hendrik van Nassau.

Porträts der drei Söhne, die Juliana durch den Aufstand in den Niederlanden verliert: Ludwig, Adolf und Heinrich von Nassau.

Worten, sondern auch mit Taten. 1568 greifen Ludwig und Adolf von Nassau mit ihrem Heer die Niederlande an. Bei Heiligerlee (Groningen) schlagen sie die spanischen Truppen in einer Feldschlacht, mit der der Achtzigjährige Krieg, der Kampf der Niederlande für ihre Unabhängigkeit vom spanischen König, beginnt. Der erst 27 Jahre alte Adolf fällt. Sein Leichnam wird niemals gefunden.
Der Verlust ihres Sohnes ist zweifelsohne schmerzlich für Juliana. Aber es kommt noch schlimmer. Sechs Jahre später, am 15. April 1574, kämpfen ihre beiden Söhne Ludwig und Heinrich in einer Schlacht auf der Mookerheide (bei Nimwegen). Nach Beendigung der Schlacht sind sie verschwunden. Auch ihre Leichname werden nie gefunden, so daß Juliana monatelang über ihr Schicksal im Unsicheren bleibt. Sie schreibt, daß jemand Ludwig gesehen haben will – sie hofft, daß es wahr ist, befürchtet aber das Schlimmste bzw. ahnt die Wahrheit. Sie schreibt Wilhelm und schildert ihren tiefen Kummer: „Ich kann von meiner betreubtnus nit erledigt werden bis Gott mich aus diesem Jammertal zu sich nimmt und ich hoffe und bete von ganzem Herzen, daß dies bald geschieht. Mein Herr (das heißt, Wilhelm von Oranien) schreibt, daß uns ohne den Willen Gottes nichts geschehen könne und wir daher mit Geduld das Kreuz tragen müssen, das Er uns auferlegt [...] Aber Menschen bleiben Menschen und können das ohne seine Gnade nicht vollbringen"[41].

Auch Julianas Tochter Maria und der Schwiegersohn Wilhelm von den Bergh machen schlimme Zeiten durch. Das Paar ist zunächst nach Köln geflüchtet und reist später nach Bremen. Aufgrund finanzieller Probleme kann die Familie jedoch nicht beisammen bleiben. Graf Wilhelm ist völlig verarmt, weil er seine Besitztümer verwirkt hat; er verkauft sogar Familienjuwelen, um seinen Lebensunterhalt zu bestreiten. Marias Verzweiflung äußert sich in einem Brief, in dem sie auf zwei dicht beschriebenen Seiten ihrer Mutter die Situation schildert: „Ach! Mein allterliebeste fraw moder", schreibt sie, „wäre ich doch so glücklich, bei Euch sein zu können um mich mit Euch zu beraten, denn ich weiß nicht, was ich tun muß." Sie berichtet, wie schlimm der Zustand sei und erwähnt die Gefangennahme der Grafen von Egmont und Hoorne, die zusammen mit ihrem Bruder Wilhelm von Oranien den Widerstand in den Niederlanden angeführt haben. Sie sagt, sich einsam zu fühlen, da sie seit dem Tode ihrer geliebten Halbschwester Magdalena weder Trost noch Hilfe habe[42]. Glücklicherweise können Marias drei älteste Söhne bei ihrer Großmutter Juliana auf der Dillenburg unterkommen, wo sie lange bleiben.
Im Jahr 1572 beteiligt sich Marias Mann, Graf von den Bergh, an einem Angriff auf die spanischen Truppen, der jedoch mißlingt. Als Dienstbotin verkleidet, muß die schwangere Maria anschließend mit ihren Kindern flüchten und noch während der überhasteten Flucht gebärt sie Zwillinge[43].

41
Juliana von Stolberg an Wilhelm von Oranien, 19.6.1574, www.inghist.nl/Onderzoek/Projecten/WVO/Brief/5510.

42
Maria von Nassau an Juliana von Stolberg, 29. September 1567, KHA Alte Dillenburger Linie A 2 II, 692a. Magdalena von Nassau, verheiratet mit Herman Graf von Neuenahr-Moers, die im relativ nahe gelegenen Moers wohnt, stirbt am 18. August 1567. Der Graf von Hoorne ist der Schwager von Magdalena.

43
Annemarie Kutsch Lojenga-Rietberg, *Huis Bergh. Kasteel – kunst – geschiedenis.* 's- Heerenbergh 2000, S. 38 ff.

laat weten zich eenzaam te voelen, nu ze sinds het overlijden van haar geliefde [half]zuster Magdalena geen troost of hulp meer heeft[42]. Gelukkig kunnen Maria's drie oudste zoons terecht bij grootmoeder Juliana op de Dillenburg, waar ze lange tijd zullen blijven.
In 1572 doet haar man, de graaf van den Bergh, mee aan een aanval op de Spaanse troepen, doch deze mislukt. De zwangere Maria moet daarop verkleed als dienstbode met twee kinderen vluchten. Tijdens deze overhaaste tocht bevalt ze van een tweeling[43].

Moeilijkheden rond Anna van Saksen. Juliana krijgt nog meer misère te verduren. De Prins van Oranje deelt zijn ballingschap op de Dillenburg met zijn (tweede) vrouw Anna van Saksen. Dat zij een moeilijk karakter heeft, is spoedig na het huwelijk (1562) gebleken. Anna beschimpt haar man in het openbaar, maakt schulden en drinkt te veel. Door haar wangedrag verwekt zij algemeen opspraak. Juliana, die zich een groot voorstandster had getoond van deze protestantse echtgenote voor haar zoon, ziet de ongelukkige verbintenis met lede ogen aan. Haar schoondochter laat bovendien duidelijk merken, dat het verblijf op het familieslot haar helemaal niet bevalt. Het sobere leven kan de vergelijking met het weelderige Oranjehof in Breda en Brussel in geen enkel opzicht doorstaan. Anna weigert zich aan te passen, ja, gaat er in 1568 zelfs vandoor en vestigt zich in Keulen. Drie jaar later brengt zij tot verbijstering van de hele familie een bastaarddochter ter wereld. De vader van het kind is de rechtsgeleerde Jan Rubens.
Het gaat hier om dubbel overspel, want zowel Anna als Rubens zijn getrouwd. De prinses wordt opgesloten in het familieslot Beilstein; bovendien laat Oranje zich van haar scheiden. Jan Rubens wordt op de Dillenburg verhoord. Hij bekent zijn overspel, in het besef dat hierop de doodstraf staat. Maar zijn vrouw wil, ondanks alles wat gebeurd is, zijn leven redden en daarom richt ze smeekbeden tot Juliana. Als 'arme bedroefde dienaresse' verzoekt zij de gravin om bij haar zoons Willem en Jan te pleiten voor 'de verlossing van mijn man, hoewel hij het niet verdiend heeft'. Ze spreekt over de 'grote liefde die ik altijd voor mijn man heb gehad en nog heb, hoewel hij 't mij kwalijk heeft geloond'[44]. Inderdaad wordt Jan Rubens twee jaar later tegen betaling van een borgsom van zesduizend daalders vrijgelaten. Met zijn vrouw vestigt hij zich in Siegen; hier wordt in 1577 hun zoon Pieter Paul Rubens, de beroemde schilder, geboren.
Het bastaardkind, dat de naam Christine von Diez krijgt, wordt onder toezicht van haar oom Jan deels op de Dillenburg opgevoed, samen met de kinderen van Willem van Oranje. Een hofdame van Juliana neemt het meisje onder haar hoede. Oranje zelf bekommert zich niet om haar. Later zal zij trouwen met de militaire commandant in Dillenburg.

42
Maria van Nassau aan Juliana van Stolberg, 29 september 1567, KHA Oude Dillenburgse Linie A 2 II, 692a. Magdalena van Nassau, getrouwd met Herman Graaf van Nieuwenaar-Meurs en woonachtig in het tamelijke nabije Meurs, was op 18 augustus 1567 overleden. De graaf van Hoorne is zwager van Magdalena.

43
Annemarie Kutsch Lojenga-Rietberg, *Huis Bergh. Kasteel - kunst - geschiedenis.* 's- Heerenbergh 2000, p. 38vv.

44
Jacobs, *Juliana*, p. 166-169; 457-459. De vrouw van Jan Rubens is Maria Pijpelinckx.

Die Probleme mit Anna von Sachsen. Julianas Probleme sind hiermit nicht zu Ende: Der Prinz von Oranien verbringt seine Verbannung auf der Dillenburg mit seiner (zweiten) Ehefrau Anna von Sachsen. Daß seine Frau einen schwierigen Charakter hat, stellt sich schon bald nach der Heirat (1562) heraus. Anna beschimpft ihren Mann in der Öffentlichkeit, macht Schulden und trinkt zuviel. Durch ihr Verhalten gerät sie allgemein in Verruf. Juliana, die eine Befürworterin dieser protestantischen Ehegattin für ihren Sohn war, sieht die unglückliche Ehe mit großem Bedauern, denn ihre Schwiegertochter macht auch deutlich, daß ihr der Aufenthalt auf dem Familienschloß, dessen einfaches Leben in großem Gegensatz zum Leben am glanzvollen Oranienhof in Breda und Brüssel steht, nicht besonders gefällt. Anna weigert, sich anzupassen; sie verläßt das Schloß im Jahr 1568 ganz und läßt sich in Köln nieder, wo sie drei Jahre später zum Entsetzen der gesamten Familie eine uneheliche Tochter zur Welt bringt. Der Vater des Kindes ist der Rechtsgelehrte Johann Rubens. Bei diesem Skandal geht es um doppelten Ehebruch, denn sowohl Anna als auch Rubens sind verheiratet. Die Prinzessin bekommt Hausarrest im Familienschloß Beilstein und Wilhelm von Oranien läßt sich von ihr scheiden. Johann Rubens wird auf der Dillenburg verhört und gesteht seinen Ehebruch, obwohl ihm klar ist, daß dies die Todesstrafe bedeutet. Seine Frau hingegen will trotz allem sein Leben retten und fleht Juliana um Hilfe an. Als „arme betrübte Dienerin" bittet sie die Gräfin um Vermittlung bei ihren Söhnen Wilhelm und Johann um „die Erlösung meines Mannes, obwohl er diese nicht verdient hat". Sie spricht von der „großen Liebe, die ich alle Zeit für meinen Mann empfunden habe und noch empfinde, obwohl er es mir schlecht gelohnt hat"[44].

Johann Rubens wird zwei Jahre später tatsächlich gegen Bezahlung einer Kaution von sechstausend Talern freigelassen und zieht mit seiner Frau nach Siegen, wo 1577 ihr Sohn Pieter Paul Rubens, der berühmte Maler, geboren wird.

Das Bastardkind, das den Namen Christine von Diez erhält, wird unter Aufsicht seines Onkels Johann zum Teil auf der Dillenburg erzogen, zusammen mit den Kindern von Wilhelm von Oranien. Eine Hofdame von Juliana nimmt das Mädchen unter ihre Obhut; Oranien selbst kümmert sich nicht um das Kind. Es heiratet später den Militärkommandanten von Dillenburg.

44 Jacobs, *Juliana*, S. 166-169; 457-459. Rubens Frau war Maria Pijpelinckx.

10. Laatste jaren

In de loop van haar leven lijkt de Stolbergse gravin weinig last van gezondheidsproblemen te hebben. Zeker, ze gaat enige malen kuren wegens nier- en/of galstenen. En in 1565 is ze blijkens een brief van haar zoon Jan flink ziek: 'Wir [sind] alle in grosser Sorge gewesen'. Meer dan twee weken heeft ze last van haar kaak, zodat ze nauwelijks kan spreken. Maar, schrijft Jan verder, we konden haar niet helpen, want zij heeft 'sich sehr hart gehalten und nicht schwach sein wollen'[45]. Vanaf haar zeventigste levensjaar heeft 'die Alte von Nassau', zoals Juliana op haar oude dag wel genoemd wordt, in toenemende mate last van felle hoofdpijnen, waardoor ze vaak niet meer kan horen noch zien. Ook het lopen gaat steeds moeizamer.

In de loop van 1580 verslechtert haar lichamelijke toestand. Juliana voelt het einde naderen, maar regelt eerst nog een aantal zaken die haar afwezige zoon Jan aan haar heeft overgelaten. Dan overlijdt ze in de ochtend van 18 juni 1580. Aan haar toch vrij onverwachte sterfbed staat alleen haar geliefde pleegzoon Ernst van Holstein. In een lange brief licht hij Juliana's broer Albrecht Georg in Wernigerode in over haar dood. Hij omschrijft haar hierin als een *Moeder des Vaderlands* en Moeder van de armen, geëerd door mensen van hoge en lage stand[46].

Juliana van Stolberg, kopie van een portret uit ca 1579 door J. Vacher, huidige verblijfplaats onbekend (zie ook afbeelding p. 2). Deze kopie, in 1953 in opdracht van koningin Juliana vervaardigd door J.O. Leegenhoek, hing tot haar dood in haar werkkamer in paleis Soestdijk. [Stichting Historische Verzamelingen van het Huis Oranje-Nassau, Den Haag].

Juliana von Stolberg, Kopie eines Porträts, J. Vacher, ca. 1579. Wo sich das Porträt heute befindet, ist nicht bekannt. (Siehe auch Abbildung S. 2) Diese Kopie, 1953 im Auftrag von Königin Juliana von J.O. Leegenhoek gemalt, hing bis zu ihrem Tod in ihrem Arbeitszimmer auf Schloß Soestdijk. [St. Historische Verzamelingen van het Huis Oranje-Nassau, Den Haag]

45
Jacobs, *Juliana*, p. 72-73.

46
Jacobs, *Juliana*, p. 507-508.

10. Letzte Jahre

Obwohl die Stolberger Gräfin im Laufe ihres Lebens kaum gesundheitliche Probleme hat und lediglich einige Male wegen Nieren- oder Gallensteinen zur Kur geht, ist sie, wie man in einem Brief ihres Sohnes Johann lesen kann, im Jahr 1565 schwer krank: „Wir [sind] alle in großer Sorge gewesen". Mehr als zwei Wochen lang hat Juliana solche Probleme mit ihrem Kiefer, daß sie kaum sprechen kann. Aber, so schreibt Johann weiter, wir konnten ihr nicht helfen, denn sie hat „sich sehr hart gehalten und nicht schwach sein wollen"[45]. Ab ihrem siebzigsten Lebensjahr leidet „die Alte von Nassau", wie Juliana auf ihre alten Tage genannt wird, stets häufiger unter heftigen Kopfschmerzen, so daß sie oft weder hören noch sehen kann. Auch das Laufen fällt ihr stets schwerer.
Im Jahre 1580 verschlechtert sich ihr körperlicher Zustand. Juliana fühlt, daß ihr Ende naht, aber sie regelt zunächst noch einige Dinge, die ihr abwesender Sohn Johann ihr anvertraut hat, bevor sie am Morgen des 18. Juni 1580 stirbt. Da ihr Tod doch recht unerwartet kommt, ist lediglich Julianas geliebter Pflegesohn Ernst von Holstein an ihrem Sterbebett. In einem langen Brief informiert er anschließend Julianas Bruder Albrecht Georg in Wernigerode über ihren Tod. Er beschreibt sie darin als eine Mutter des Vaterlandes und Mutter der Armen, die von Menschen hohen und niedrigen Standes gleichermaßen verehrt wurde.[46]
Julianas Kinder reisen nach der Nachricht vom Tod der Mutter in aller Eile nach Dillenburg, wo am 22. Juni in der evangelischen Kirche die Beisetzung stattfindet. In dieser Kirche, die 1501 geweiht worden war, werden die sterblichen Überreste der Gräfin in der Gruft der Angehörigen des Hauses Nassau beigesetzt. Ihr Mann ist 1559 der Erste, der hier einen Platz erhält, die Leichname der übrigen Familienmitglieder werden in Särgen, zunächst nebeneinander und später wegen Platzmangels aufeinander, zwischen Mauern aufgestellt[47]. Auf Julianas Sarg wird 1638 ein erster und 1657 ein zweiter Sarg eines verstorbenen Familienmitglieds gestellt. In der Kirche selbst gibt es in jenen Jahren keinen Grabstein oder ein vergleichbares Denkmal zur Erinnerung an die Toten.
Anders als viele andere Frauen ihrer Familie gerät Juliana von Stolberg nach ihrem Tod nicht in Vergessenheit. Als Mutter des verehrten Prinzen von Oranien wird sie von verschiedenen niederländischen Schriftstellern gepriesen. Der Geschichtsschreiber Emmanuel von Meeteren (1535-1612) widmet ihr einen Ehrenplatz unter den Müttern großer Männer und Pieter Cornelisz. Hooft (1581-1647) nennt sie „eine wunderweise und

45
Jacobs, *Juliana*, S. 72-73.

46
Jacobs, *Juliana*, S. 507-508.

47
Es gibt 15 Grabstellen; Juliana liegt in Grab 7, ihr Mann in Grab 9. Für die Beisetzung erwirbt man für 116 Gulden Stoff aus englischem Tuch. (Der Verwalter verdient 1580 jährlich 50 Gulden.) Information über die Nassaugruft von Friedhelm Menk in Siegen, 9. April 2006.

Juliana's eigen kinderen spoeden zich na het ontvangen van het overlijdensbericht naar Dillenburg, waar op 22 juni de bijzetting plaatsvindt in de Evangelische kerk. In deze kerk, in 1501 ingewijd, wordt de overleden gravin bijgezet in de grafkelder, die is bedoeld voor leden van het Huis Nassau. Haar man was in 1559 de eerste geweest die hier een plaats kreeg. De lichamen van de overledenen worden in kisten tussen muren geplaatst, eerst naast, later wegens de beperkte ruimte, óp elkaar[47]. Zo wordt bovenop Juliana's kist in 1638 een eerste, in 1657 een tweede kist van gestorven familieleden gezet. In de kerk zelf is al die jaren geen grafsteen of andersoortig monument dat herinnert aan de doden.
Na haar dood verzinkt Juliana van Stolberg niet in vergetelheid zoals veel andere vrouwen van haar familie. Als moeder van de vereerde Prins van Oranje wordt zij door diverse Nederlandse schrijvers geprezen. De historieschrijver Emmanuel van Meeteren (1535-1612) geeft haar de ereplaats onder de moeders van grote mannen, Pieter Cornelisz.Hooft (1581-1647) noemt haar

Interieur van de kerk te Dillenburg en de ingang naar de *Fürstengruft*. (Foto's Douwe van Hoytema 2006.)

Das Innere der Stadtkirche Dillenburg und der Zugang zur Fürstengruft. (Fotos Douwe van Hoytema 2006.)

'eene wonder wijze en zeedighe vrouwe'. Ook bij het overlijden van Juliana's zoon Jan in 1606 wordt haar lof bezongen: men noemt Juliana 'optima mater Stolberga sata gente dedit clarissima mundo lumina, queis teneras pietatis semine mentes nutriit'[48].
Zoals hierboven opgemerkt herleeft in de 19de eeuw de belangstelling voor de Moeder van de Vader des Vaderlands. Deze wordt in 1909 bijzonder gestimuleerd door haar vernoeming: de Nederlandse troonopvolgster krijgt de naam Juliana. In de decennia daarna verrijzen in Nederland tal van Juliana van

47
Er zijn 15 grafplaatsen; Juliana ligt in nr 7, haar man in nr 9. Voor de bijzetting wordt voor 116 gulden stof van Engels laken gekocht (De rentmeester verdiende in 1580 50 gulden.) Informatie over de Nassaugruft van Friedhelm Menk te Siegen, 9 april 2006.

48
Vertaling: 'de zeer goede moeder, afstammend van het Stolbergse geslacht, heeft de wereld een allerschitterendst voorbeeld gegeven, waardoor zij jongeren heeft gevoed met het zaad van haar godsvrucht'. Jacobs, *Juliana* p. 359.

49
Eigenlijk niederländischen.

sittliche Frau". Auch beim Tod von Julianas Sohn Johann im Jahre 1606 lobt man Juliana und nennt sie „optima mater Stolberga sata gente dedit clarissima mundo lumina, queis teneras pietatis semine mentes nutriit"[48].

Wie gesagt, besinnt man sich im 19. Jahrhundert erneut auf die Mutter des Vaters des Vaterlandes. Dieses neu erwachte Interesse an ihrer Person erreicht im Jahre 1909, als die niederländische Thronfolgerin den Namen Juliana erhält, einen weiteren Höhepunkt. In den darauf folgenden Jahrzehnten werden überall in den Niederlanden Straßen, Alleen und Schulen nach Juliana von Stolberg genannt. Auch in Dillenburg entsteht neues Interesse für die Stolberger Gräfin. Um 1910 wird die Stadtkirche, in der sie beigesetzt ist, restauriert. Da nichts auf die letzten Ruhestätten der Familie von Nassau hinweist, beschließt man, eine 1,5 x 2,5 Meter große Platte aus schwarzem Marmor mit dem folgenden Text anfertigen zu lassen:

GRABSTÆTTE·DER·NASSAU·DILLENBURGER
GRAFEN·UND·FUERSTEN·FAMILIE
HIER·RUHEN·DIE·AHNEN·DES·PREUSSISCHEN
UND·HOLLAENDISCHEN·KOENIGSHAUSES
GRAF·WILHELM·DER·REICHE+1559·&·JULIANE
VON·STOLBERG+1580· DIE·ELTERN·WILHELMS·DES·SCHWEI-
GERS·UND·DESSEN·BRUDER·JOHANN·VI+1606·

Grafsteen in de Evangelische Stadtkirche in Dillenburg. In de (afgesloten en dus niet-toegankelijke) grafkelder van de Nassaus zijn 1559-1739 zeventig familieleden bijgezet. [Friedhelm Menk: 'Die nassauischen Begräbnisstätten in der evangelischen Stadtkirche zu Dillenburg', in: H.J. Pletz-Krehahn, *650 Jahre Stadt Dillenburg*, Dillenburg 1994, S. 119-125].

Grabstein in der Evangelischen Stadtkirche zu Dillenburg. In der (abgeschlossenen und nicht zugänglichen) Gruft derer von Nassau werden zwischen 1559 und 1739 siebzig Familienmitglieder beigesetzt. [Friedhelm Menk: „Die nassauischen Begräbnisstätten in der evangelischen Stadtkirche zu Dillenburg" in: H.J. Pletz-Krehahn, *650 Jahre Stadt Dillenburg*, Dillenburg 1994, S. 119-125].

„Grabstätte der Nassau Dillenburger Grafen und Fürsten-Familie. Hier ruhen die Ahnen des preußischen und holländischen[49] Königshauses Graf Wilhelm der Reiche † 1559 – Juliane von Stolberg † 1580 – die Eltern Wilhelms des Schweigers und dessen Bruder Johann VI. † 1606".

Die niederländische Königin Wilhelmina trägt fünfhundert Gulden zur Finanzierung der inmitten der Kirche plazierten Platte bei. Weitere finanzielle Beiträge kommen vom deut-

48
Übersetzung: „Die sehr gute Mutter, die vom Stolberger Geschlecht abstammte, gab der Welt ein leuchtendes Vorbild, durch das sie Nachkommen aus dem Samen ihrer Gottesfrucht großzog". Jacobs, *Juliana* S. 359.

49
Eigentlich: niederländischen.

Juliana van Stolberg op een penning ter ere van de geboorte van prinses Juliana, 1909. [Laurens Schulman Coins & Medals, Bussum]

Juliana von Stolberg auf einer Münze, geschlagen anläßlich der Geburt von Prinzessin Juliana 1909 [Laurens Schulman Coins & Medals, Bussum]

Standbeeld ter nagedachtenis aan Juliana van Stolberg en haar vijf zoons van Nassau, die allen streden voor de Opstand in de Nederlanden: Willem (vermoord 1584), Jan en de drie gesneuvelden Lodewijk, Adolf en Hendrik. [Den Haag, Bezuidenhout, Bon IngenHousz 1929]

Standbild zum Angedenken an Juliana von Stolberg und ihre fünf Söhne von Nassau, die im Aufstand in den Niederlande kämpften: Wilhelm (1584 von einem Attentäter erschossen), Johann und die drei Gefallenen Ludwig, Adolf und Heinrich [Den Haag, Bezuidenhout, Bon IngenHousz 1929]

Stolberg-scholen, – lanen en – straten. Ook in Dillenburg 'herrijst' de Stolbergse gravin. Rond 1910 is men daar bezig met het restaureren van de kerk waarin zij bijgezet is. Omdat de laatste rustplaatsen van de familie van Nassau onzichtbaar zijn, besluit men een zwartmarmeren plaat van ca 1,5 x 2,5 meter te laten maken met daarop de volgende tekst:

'Grabstaette der Nassau Dillenburger Grafen und Fürsten-Familie. Hier ruhen die Ahnen des preussischen und hollaendischen[49] Königshauses Graf Wilhelm der Reiche + 1559 – Juliane von Stolberg + 1580 die Eltern Wilhelms des Schweigers und dessen Bruder Johann VI + 1606'.

Voor de financiering van de in het midden van de kerk geplaatste plaat schenkt de Nederlandse koningin Wilhelmina vijfhonderd gulden. Andere geldelijke bijdragen komen van de Duitse minister van Geestelijke Aangelegenheden en Onderwijs (DM 1000,-) en het Bezirksverband (DM 1000,-). Op 24 december 1911 wordt de gedenksteen plechtig ingewijd.[50]

Ook het stadje Stolberg heeft haar beroemde inwoonster ontdekt. In een boekje over de stad jubelt men zelfs: 'Ohne die wackere Stolbergerin hätte es keine Befreiung der Niederlande und nie einen Goetheschen 'Egmont' geben können'[51]. In het Julianajaar 2006 – herdenking van haar 500ste geboortedag – wordt in Stolberg bovendien een beeld van de gravin geplaatst. Het is het tweede standbeeld van haar. Tot dan toe is slechts één Julianabeeld bekend. Het bevindt zich sinds 1929 in Den Haag en laat de stammoeder van het vorstenhuis zien, omringd door haar vijf Nassauzoons, die zich allen inzetten voor de Opstand in de Nederlanden. Volgens de historica Johanna Naber staat de Stolbergse er 'als het symbool van dat verheven Moederschap [...] de handen als zegenend en verbindend tegelijk uitgebreid over die helden'. Het beeld toont 'die verwonderlijke gehechtheid, die geslachten lang de groote kracht van het Huis van Nassau is geweest'[52].

En zo blijft ze ook herinnerd: als 'getreuwe mutter allezeit'.

50
Programmaboekje *Weihe der erneuerten evangelischen Kirche zu Dillenburg und der in derselben errichteten Gedächtnis-Tafel an der nassau-oranischen Fürstengruft'*; informatie van drs B. Woelderink 31-3-2006.

51
Wolfgang Knape, *Stolberg*, Wernigerode 2001, p. 51

52
Joh. W.A Naber: 'Het standbeeld van Juliana van Stolberg', in: *Haagsch Maandblad* XII, september 1929, p. 288-289.

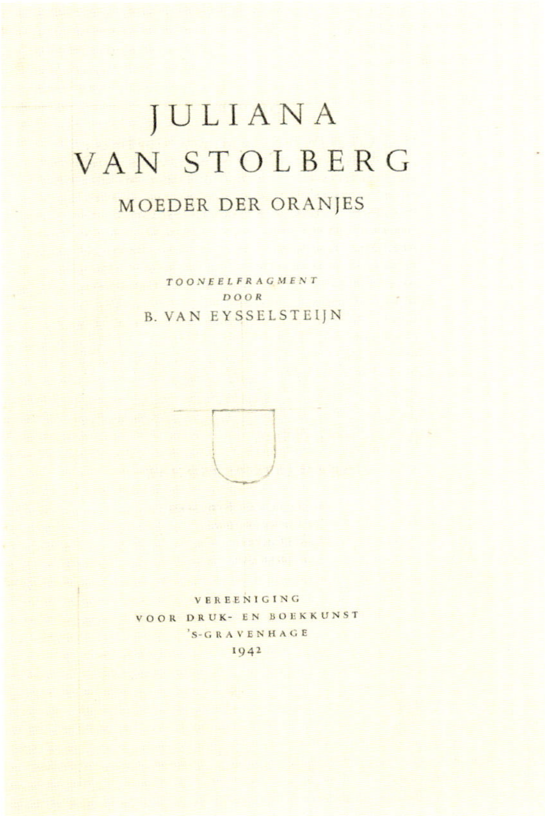
JULIANA
VAN STOLBERG
MOEDER DER ORANJES

TOONEELFRAGMENT
DOOR
B. VAN EYSSELSTEIJN

VEREENIGING
VOOR DRUK- EN BOEKKUNST
'S-GRAVENHAGE
1942

Juliana van Stolberg Moeder der Oranjes. Toneelfragment Ben van Eijsselsteyn. Den Haag Vereeniging voor Druk- en Boekkunst 1942. Proefdruk van nooit verschenen uitgave [Museum Meermanno-Westreenianum, Den Haag].

Juliana von Stolberg Mutter der Oranier. Bühnenfragment Ben van Eijsselsteyn. Den Haag Vereeniging voor Druk- en Boekkunst 1942. Probedruck einer niemals erschienen Ausgabe [Museum Meermanno-Westreenianum, Den Haag]

schen Ministerium für Geistliche Angelegenheiten und Erziehung (DM 1000) und dem Bezirksverband (DM 1000). Am 24. Dezember 1911 wird der Gedenkstein festlich eingeweiht.[50] Auch das Städtchen Stolberg hat inzwischen seine berühmteste Einwohnerin wieder entdeckt. In einem Büchlein über die Stadt heißt es in jubelnden Worten: „Ohne die wackere Stolbergerin hätte es keine Befreiung der Niederlande und nie einen Goetheschen ‘Egmont’ geben können”[51]. Im Julianajahr 2006 – in dem ihres 500. Geburtstages gedacht wird – wird der Gräfin in Stolberg ein Standbild errichtet; es ist das zweite Denkmal dieser Art. Das erste Standbild von Juliana, das sich seit 1929 in Den Haag befindet, stellt die Stammmutter des Fürstenhauses inmitten ihrer fünf Nassau-Söhne dar, die sich allesamt für den Aufstand in den Niederlanden eingesetzt haben. Laut der Historikerin Johanna Naber ist Juliana „das Symbol der erhabenen Mutterschaft [...] die Hände wie segnend und gleichzeitig verbindend ausgebreitet über die Helden”. Das Standbild bekräftigt „die erstaunliche Verbundenheit, die über Generationen die treibende Kraft des Hauses Nassau gewesen ist”[52].

Und so erinnert man sich an sie: als

50
Programm: *„Weihe der erneuerten evangelischen Kirche zu Dillenburg und der in derselben errichteten Gedächtnis-Tafel an der nassau-oranischen Fürstengruft”*. Information von drs B. Woelderink, 31.3.2006.

51
Wolfgang Knape, *Stolberg*, Wernigerode 2001, S. 51.

52
Joh. W.A. Naber: „Het standbeeld van Juliana van Stolberg”, in: *Haagsch Maandblad* XII, September 1929, S. 288-289.

Chronologie

1506:	Geboorte Juliana zu Stolberg und Wernigerode op Slot Stolberg / Harz
1517:	Dr Martin Luther poneert 95 stellingen.
ca 1519-23:	Opvoeding op slot Butzbach door oom Eberhard van Eppstein-Königstein
1520:	Verloving met graaf Filips II van Hanau. Eheberedung op kasteel Butzbach
1521:	Rijksdag te Worms. Luther verdedigt zich.
1522:	Doop Magdalena van Nassau, dochter van Juliana's latere echtgenoot Willem van Nassau.
1523:	Huwelijk met Filips II van Hanau. De volgende jaren krijgt Juliana 5 kinderen.
1525:	Onlusten in Stolberg. Juliana's vader Botho vlucht, broer Wolfgang gevangen.
1529:	Onverwacht overlijden Filips II van Hanau.
1531:	Tweede huwelijk met Willem van Nassau. Eheberedung op kasteel Königstein. Van hem krijgt Juliana 12 kinderen.
1533:	Juliana's zoon Willem als graaf van Nassau in Dillenburg geboren.
1544:	De elfjarige Willem wordt Prins van Oranje en vertrekt als erfgenaam van zijn neef René van Oranje voor zijn verdere opvoeding naar de Nederlanden.
1546:	Juliana's zuster Magdalena von Regenstein-Blankenburg komt om bij een brand op slot Blankenburg (Harz).
1550:	Juliana's laatste kind, Hendrik geboren.
1555:	Rijksdag van Augsburg: Godsdienstvrede ('cuius regio eius religio')
1559:	Driedubbel huwelijk op de Dillenburg. Echtgenoot Willem de Rijke van Nassau overlijdt; Juliana's tweede zoon Jan volgt hem op als regerend graaf.
1567:	Juliana's zoon Willem van Oranje gaat met zijn gezin in ballingschap op slot Dillenburg. Ook dochter Maria moet met man en kinderen vluchten en het familiekasteel Bergh verlaten.
1568:	Slag bij Heiligerlee – begin van de Tachtigjarige Oorlog. Juliana's zoon Adolf sneuvelt. Haar schoondochter Anna van Oranje-van Saksen verlaat met haar kinderen Dillenburg en vestigt zich in Keulen.
1574:	Slag op de Mookerheide. Juliana's twee zoons Lodewijk en Hendrik sneuvelen.
1580:	Overlijden Juliana van Stolberg op de Dillenburg. Ze wordt in de Dillenburger familiegrafkelder bijgezet.

Kurzbiographie

1506: Geburt von Juliana zu Stolberg und Wernigerode auf Schloß Stolberg / Harz.

1517: Dr. Martin Luther verkündet seine 95 Thesen.

ca 1519-23: Erziehung auf Schloß Butzbach durch ihren Onkel Eberhard von Eppstein-Königstein.

1520: Verlobung mit Graf Philipp II. von Hanau. Eheberedung auf Schloß Butzbach.

1521: Reichstag in Worms. Luther verteidigt sich.

1522: Taufe der Magdalena von Nassau, Tochter von Julianas späterem Ehemann Wilhelm von Nassau.

1523: Eheschließung mit Philipp von Hanau. In den Folgenjahren bekommt Juliana fünf Kinder.

1525: Unruhen in Stolberg. Julianas Vater Botho flüchtet, ihr Bruder Wolfgang wird gefangengenommen.

1529: Philipp II. von Hanau stirbt unerwartet.

1531: Zweite Eheschließung mit Wilhelm von Nassau. Eheberedung auf Schloß Königstein. Von Wilhelm bekommt Juliana zwölf Kinder

1533: Geburt von Sohn Wilhelm als Graf von Nassau in Dillenburg.

1544: Julianas Sohn Wilhelm zieht als Erbe seines Cousins René von Oranien für seine weitere Erziehung in die Niederlande.

1546: Julianas Schwester Magdalena von Regenstein-Blankenburg wird bei einem Feuer im Schloß Blankenburg (Harz) von den Flammen eingeschlossen und kommt um.

1550: Julianas letztes Kind, Heinrich, wird geboren

1555: Reichstag von Augsburg: Religionsfrieden („cuius regio eius religio").

1559: Dreifache Eheschließung auf der Dillenburg. Julianas Ehemann Wilhelm der Reiche von Nassau stirbt. Ihr zweiter Sohn Johann tritt die Nachfolge als regierender Graf an.

1567: Julianas ältester Sohn Wilhelm von Oranien flüchtet aus politischen Gründen mit seiner Familie auf Schloß Dillenburg. Auch ihre Tochter Maria muß das Familienschloß Bergh verlassen und mit Ehemann und Kindern flüchten.

1568: Schlacht bei Heiligerlee – Beginn des Achtzigjährigen Krieges. Julianas Sohn Adolf fällt. Schwiegertochter Anna von Oranien–von Sachsen verläßt mit ihren Kindern Dillenburg und läßt sich in Köln nieder.

1574: Schlacht auf der Mookerheide. Julianas zwei Söhne Ludwig und Heinrich fallen.

1580: Juliana von Stolberg stirbt auf der Dillenburg. Sie wird in der Dillenburger Nassauergruft beigesetzt.

Bladwijzer | Index

Colofon | Impressum

Vormgeving | Lay out:
Donna Smith, Albani Ontwerpers bv, Den Haag [www.albani-ontwerpers.nl]

Uitgeverij | Verlag:
Aschendorff Verlag GmbH & Co. KG, Münster

Druk | Druck:
Aschendorff Medien GmbH & Co. KG, Druckhaus Aschendorff, Münster

Illustraties omslag | Umschlagillustrationen:
Voorzijde | Titelseite: Lucas Cranach d. Ä. 1543: Agnes von Hayn, geb. von Rabenstein, Buchenholz 59,5 x 43,5 cm [Stuttgart, Staatsgalerie, inv. 633]

Vertaling | Übersetzung:
Gabriele de Koning, Aber..Yes Kommunikation, Den Haag [www.aber-yes.nl]

Met steun van | Unterstützt von
Koninklijke ERU Kaasfabriek B.V.
en | und
Niederländisches Konsulat Münster
ISBN 3-402-00236-1